納棺師
大森あきこ

最後に「ありがとう」と言えたなら

新潮社

はじめに

私は納棺師として、４０００人以上の方のお別れをお手伝いしてきました。深い悲しみの中に生まれるお別れの時間には、今なお心を動かされています。

ご遺族は、納棺式という限られた時間にその方と過ごした普通の日々を必死に思い出し、取り戻そうとします。

好きだった食べ物や、いつも着ていた服。
写真の中の笑った顔。
いつも頭を撫でてくれたご主人の手。
お母さんの髪の毛のいいにおい。
仕事をしている時のお父さんの背中。
絵本を読む母親の声。

抱っこした時の小さな体の重さ。

特徴のある指の形。

亡くなった大切な方が自分にとってどんな存在だったのかを、何度も噛みしめるように振り返ります。時には泣いたり、抵抗したり、後悔したりしながら、亡くなった方との新しいつながり方を懸命に探しているように見えます。

私はそんな場面に立ち会うたびに、死によって亡くなった方とのつながりが切れるわけではないと信じることができます。

そして、今、自分のそばにいる人との限りある時間がとても大切に思えるのです。


皆さんは納棺師という仕事をご存じでしょうか。

亡くなった方の着せ替えやお化粧をし、生前のお姿に近づけていく仕事です。ご遺族の方に安心してお別れをしてもらうために、お体の処置を行います。

また、時にはお体を棺に納める納棺式でご遺族と一緒に亡くなった方の身支度を整えます。そして亡くなった方のお体を布団から棺の中に移動し、その方の好きだった物などを入れ、その方との思い出を振り返るお手伝いをします。

今では生と死は、カードの表と裏のように、いつひっくり返るかわからないものだと感じていますが、納棺師になる前の私にとって死はとても遠い存在でした。

父の余命を母から聞いた時でさえ、目の前まで近づいてきている父の死を、わざと見ないようにしていました。大切な人とのお別れは突然やってくることを私は知らなかったのです。

離れて住んでいた父のお見舞いの回数が少なかったことも、看病をろくにしなかったことも、10年以上経った今でも後悔しています。死は必ず訪れるものなのに、大切な人とのお別れの仕方を誰も教えてくれませんでした。

そして、もうひとつ後悔していることが葬儀です。

初めての身近な人とのお別れ。看病もろくにしなかった私が……という罪悪感で、誰かが作った葬儀に参加しているような心境でした。それでも納棺式で、父に旅支度をつけ、冷たい体に触れた時、父に何かしてあげることができた、と少しだけ救われた気持ちになったのです。私は父の葬儀をきっかけに納棺師という仕事をしようと決心しました。

プロとして失格と思われるのを覚悟して告白すると、私は自分の大切な人とのお別れが上手にできなかったことを後悔して、ご遺族のお手伝いをしながら心のどこかでお別れのやり直しをしているのかもしれないと感じることがあります。そして、心が動かされるお別れに出会うと、お手伝いできたことが本当に嬉しいと思うのです。


どんなご遺族にも、その方だけのお別れの物語があります。

そして、亡くなった方との結びつきは生きている時とは違う結びつきです。

私のように、大切な人の死を受け入れられず、自分の心に蓋をして閉じ込めてしまったままでは結び直しは難しい作業になります。

ご遺族のお手伝いをして行く中で、私は自身の悲しみにも触れ、父の存在がとても大きかったことを知り、以前とは違った形で、父を私の中に感じることができるようになりました。


ある日、父の夢を見ました。

私はどこかの葬儀場の大きな霊安室で、10年以上前に亡くなった父の納棺をしています。銀色の鉄板の上に寝ている父は何も変わっていません。癌で亡くなった際は痩せていましたが、夢の中の父は元気な頃の父です。それどころか私が歳をとった分、自分と同じぐらいの年齢に見えるほどです。

私は何故か傷がないか心配になり、体中チェックをすると、綺麗でホッとしています。

その時、父がムクッと起き上がり、寝ぼけたような顔であたりを見回しています。

「誰だかわかる？」

と聞くと父は、

「あき？」

と私の名前を聞きなれた声で呼びます。

そうだよって抱きつくけど、父は不思議そうな顔をしています。

「私のこと好き？」

って聞いたら、父は照れ臭そうに笑ってうなずきました。

なんだか無理をさせている気がして、

「もう、大丈夫、大丈夫」

と言って私は父をまた寝かせたのです。

その後、動かなくなった父を、白装束に着せ替えをしているところで目が覚めました。

亡くなった人が起き上がったら普通びっくりするものだけど、すごく嬉しくて夢の中の私は泣いていました。

私の夢に出てきた父は「生きて出演させてよ！」と怒っているかもしれません。

しかし、私の想像力は、もはや生きている父より、亡くなった父を蘇らせるほうが、リアルに呼び出すことができたのでしょう。目覚めると、実際に目に涙が残っていました。そして、父を遺体として出演させてしまったことに、困ったモンだなと苦笑いしてしまいました。

納棺師になり、自分の持つ悲しみにも触れて、心が温かくなったり、冷たくなってしまったり、ブルブルと震えたり、行ったり来たりしながら、自分なりの悲しみの置き場所を作ってきました。

記憶に蓋をしていた頃は夢にも出てこなかった父が、「頑張ったね」と伝えにきてくれたようで、なんとなく一区切りついたような気がします。

日々、いろんなものを積み重ねて生きている私たちは、同時にたくさんのものを失いながら生きています。

家族やペット、仕事、友達や学んできたもの、生まれた場所……私は生まれ育った故郷を襲った東日本大震災で、多くの友達を失い、よく行っていた海の様子も変わりました。

たくさんの喪失を経験するたびに、失ったものの大きさに気づきます。

もしかすると私と同じように、大切な方を失ったことを思い出すことが辛すぎて、心に蓋をしたまま暗闇を歩いている方もいらっしゃるかもしれません。

でもそれは、いつか手放す大切なものに囲まれている今が、かけがえのない今だと感じられる機会でもあると思うのです。

私がそうだったように、これからご紹介するご遺族の物語が、あなた自身の過去のお別れを振り返り、もう一度大切な方との関係を見つめるきっかけになることを願っています。

★作品中のエピソードは著者の実際の体験に基づきますが、登場する人物の年齢、性別などの設定は、プライバシーに配慮して一部変更しています。

最後に「ありがとう」と言えたなら　目次

第2章　旅立ちのための時間　59

第3章　棺は人生の宝箱　107

最後に「ありがとう」と言えたなら

第1章　においのぬくもり　声のやすらぎ

「いい子、いい子」して欲しかった

「今回の喪主さん、旦那さんを突然亡くしたのに、ずっと笑ってるんだよね」

そう言って、葬儀会社の担当者さんは怪訝そうな顔のまま、私にドライアイスの入ったバッグを渡しました。

納棺式を行っていると、突然の死別への反応として、なかなか周囲の人に理解してもらえない態度をとる方がいらっしゃいます。この時の喪主さんもそんな誤解を受けたひとりでした。

ご遺族とお会いしたのは季節外れの大雪が降った次の日でした。

葬儀会社からの依頼は、お通夜までの6日間のドライアイスの交換と、通夜の前に行う納棺式です。亡くなったご主人は30代で、バイクの事故で突然帰らぬ人となりました。喪主の奥様も30代で小さなお子さんがいるとお聞きしています。

大きなメイクバッグは心なしか、いつもより重い気がします。

安置室がある式場の敷地は朝早くから社員総出で雪かきをし、駐車場にアスファルトの黒い道ができていました。まるで「こちらです」とご遺族を誘導しているように見えます。

しかし、社員や業者しか使用しない裏の階段は、前日降った雪が固く張り付き、行く手を阻んでいるように見えます。メイクバッグを持ったまま、滑らないように恐る恐る歩き、安置室への入口がある階段の一番上に何とか到着しました。

ドアの前に立つと中から女の子の声がしました。会話というより笑い声が聞こえてくることに驚き、開けようと伸ばした手を止めます。しばらく耳を澄まし、笑い声が止んだタイミングで、

「失礼します」

と声をかけて中に入りました。

棺より一回り大きな保冷庫が3つ並ぶ部屋で、奥様とお子さんは、コンビニで買ったおにぎりを食べていました。ご挨拶をして、お顔の傷を目立たなくするメイクをする旨を伝え、お食事中だったので時間をずらした方がいいか、立ち会われるかどうかも確認

します。

「どうぞどうぞ、男前にしてあげてください」

奥様はニコニコしながら話します。４歳になるというお子さんにも、

「パパ、これからお化粧するんだって」

と説明をします。正直、お顔の状態をまだ知らなかったので、このまま進めていいのか迷っていました。

「お線香、上げさせてください」

と言ってドキドキしながら焼香台の前に行くと、小さく切り取られたガラス窓から、お父さんの顔が見えました。バイク事故だったとはいえ、ヘルメットに守られ、お顔の傷は頬の擦過傷と顎の内出血だけで思ったより小さなものでした。

奥様とお子さんに囲まれ、傷を隠し、少し血色も足します。

「パパはおっちょこちょいだね、こんな怪我しちゃって」

奥様はお子さんに、まるでお父さんが生きているように話します。

「パパ、ダメだねー」

後を追うようにお子さんも言います。

それから4日間、奥様はわざわざ、私がドライアイスを交換する時間に合わせて、おにぎり持参でお子さんと一緒に安置室へ通ってこられました。もしかしたら、奥様は誰かと一緒にいることで自分を保っていたのかもしれません。

安置室で何度か会うと、少しずつ気持ちを話してくださるようになりました。

ご主人は転勤族で周りには頼る人がいないこと、子供が不安がっているから泣いていられないこと、それ以上に笑ってないと泣いてしまいそうになること。それを聞いてこちらが涙目になるのを見て、

「何で納棺師さんが泣くのよ」

と笑って私の肩を軽くたたくのです。

通夜になって九州の実家から奥様のお母さんがいらっしゃいました。少しほっとしているような奥様にひとつ提案しました。

「ご主人とおふたりだけの時間を作りませんか？」

奥様は少し下を向き、考えた後、決心したように顔をあげました。

「納棺師さんも一緒に来てくれますか？」

40名程が座れる式場には、白を基調とした花で作られた祭壇がしつらえられ、部屋中が花の香りでいっぱいです。特に香るのが白百合。中央には笑ったご主人の遺影が掛かり、奥様とストレッチャー（移動式のベッド）の上のご自身を見下ろしています。

ストレッチャーにゆっくりと近づき、冷たくなった手を握りながら決心したように、ご遺体のお顔を見つめてゆっくりと話します。

「頭を撫でて欲しいの……」

「いい子、いい子して欲しい……」

奥様の言葉が、ご主人に頭を撫でて欲しいということだと理解をするのに、少し時間がかかりました。

「頭を撫でてもらうことはできますか？」

今度は私への言葉です。

「もちろんできます！」

胸の上で組んでいた左腕の関節をマッサージし、ご主人の手をゆっくり伸ばすと、奥様が自分の頭をご主人の手のひらの下に潜り込ませます。下を向いたまま奥様は、ようやく小さな声を出して泣くことができました。

そして何度も、

「私、頑張ったよね」

とご主人に語りかけます。

今、私の隣にいる小さな背中の女性は、今まで子供を不安にさせないように、無理に明るく振舞い頑張ってきたのです。

「主人はいつもこうやって頭を撫でてくれたの」

顔をあげて言ったその言葉に、私はなんて返していいかわかりません。本当に頑張りましたね、と思ったものの口には出せず、うなずくことしかできませんでした。

その後、納棺式、通夜と進むと、奥様はまた、あの笑顔に戻り、お子さんやご親戚、ご友人と話をされていました。何となく後ろ髪引かれる思いでその場を後にしました。


それから2週間ほど経ったある日、葬儀会社の担当者さんから電話がありました。朝、式場へ寄ってほしいと言われ、指定の時間に行くと、久しぶりにあの奥様と娘さんにお会いすることができたのです。

娘がどうしても渡したかったものがあると奥様が言います。すると娘さんは、手にもった小さな紙袋から折り紙で作った金メダルを出して言いました。

「パパをきれいにしてくれてありがとう」

私は嬉しくて女の子のもとに走りより、金メダルを首からかけてもらおうと、跪《ひざまず》きました。背伸びをして私の首にメダルをかけると、小さな手で私の頭をポンポンと撫でながら、

「ありがとう」

と笑うのです。

あっ、ご主人のいい子、いい子だ！

はっとして奥様を見ると目が合い、彼女は「そうそう」と言うようにうなずきながら笑っていました。

私のような納棺会社に所属している納棺師は普通、葬儀会社から依頼を受けて納棺式でご遺族のサポートをします。それは1時間〜1時間30分という短い時間。このように何日も遺族と顔を合わせるということは多くありません。

しかも、こんな風に後日、お礼を直接言っていただけるなどはあり得ないことなのです。

この経験は私に納棺師という仕事に一生向き合っていこうと決心させました。

仕事の際にいつも納棺式の様子をメモしているノートがあります。故人様一人ひとりを忘れないように、日々の仕事に心が流されないように。いつも金メダルをもらえるように努力したいと思っています。

悲しみの感情に蓋をした状態の中、漏れ出てくる様々な反応には必ず意味がある。そして、ご遺族が出してくれるサインが、私にできる何かを教えてくれるのです。

桜の下の棺

桜の季節になると、一枚の写真のように思い出す光景があります。

庭に咲いた桜の花。隣接する公園の桜も満開です。庭の桜の木の下には亡くなったお父さんが寝ている真っ白い棺が置いてあり、その周りで遺族が思い思いに話をしながら笑っています。

——それは、80代の男性の納棺式。

いつものように葬儀会社の担当者さんの後について、ご自宅の玄関に入ります。歴史を感じる一軒家は、廊下や柱が赤茶色に色を変え艶々していて、きっと大切に住まわれてきたんだろうと感じました。

廊下のつきあたり、縁側がある畳の部屋に亡くなったお父さんが寝ていらっしゃいます。襖を開けて一番先に私の目に飛び込んできたのは、桜の木でした。

木枠の古い引き戸が大きく開いていて、庭の桜の木が綺麗に花を咲かせています。しかもその後ろに地続きの公園の桜も見え、綺麗に整えられた庭の芝生とその奥に広がるピンク色に圧倒されてしまいました。ご挨拶も忘れて、お父さんの横に正座をしている奥様に、

「みごとな景色ですね」

と声をかけると、

「主人の趣味だった庭いじりのおかげで、みなさんにそう言ってもらえるんですよ」

と穏やかに微笑んでいらっしゃいます。桜の名所となっている公園は、花見シーズンということもあり、子供を呼ぶお母さんたちの声がすぐそばから聞こえてきます。

納棺式を始めようとご遺族に声をかけると、50代後半ぐらいの息子さん2名とその奥様、高校生や20歳前後の子供たち（故人のお孫さん）5名が立ち会われ、広い和室も少し窮屈に感じるほどでした。

少し広くしましょう、と奥様が隣部屋の襖も開けました。するとそこに四方を本棚に囲まれた小さな部屋が現れました。

息子さんが部屋の中に座布団を敷きながら、

「ここは立ち入り禁止だからな、親父、怒るかもな」

と笑っています。

「すごい本！　書斎ですか？」

そう聞くと、

「父は日本文学の先生だったからね、この部屋にいる時は、ご飯だと声をかけても出てこなかったし、子供の頃は、ここは父だけが入れる特別な場所だったんですよ」

と、息子さんが部屋を見回しながら答えてくれました。

「口数も少ない人だから、子供たちにとっては、どこか怖い存在だったかもしれませんね」

奥様が言うと、息子さんたちも笑いながら同意します。

故人が好きだった深い紺色の着物に着替えると、「先生」らしく凛とした姿にご遺族の方々がホッとしたのか、会話が弾み始めました。

口数の少なかったお父さんですが、家族が集まる恒例の花見をとても楽しみにしていたようです。孫が好きなあの料理を作ってくれ、と奥様にリクエストをしたり、毎年とってきのワインを出してきたり、人数分の椅子を庭に用意したり。体が動くうちは、お父さんが全て取り仕切って行う恒例行事でした。

老人ホームに入ってからも、桜の時期はお花見をしに帰宅していたようです。毎年撮った集合写真まで並べて見せてくれ、納棺式がなかなか進みません。

それでも私には、いつもの流れをふっ飛ばしてでも、聞いていたい話でした。そして、ご遺族にとっても今話さないといけない、大切な思い出でした。

みなさんで写真を見ながら盛り上がっているところで、私は会話から離れて納棺の準備をすることにしました。


ご遺族の話をうかがって、納棺式が少し変わりました。部屋の入り口の作りが狭く、縁側から棺を入れようとあらかじめ準備をしていたのですが、花見の話を聞いていた葬儀会社の担当者さんが、私にだけ聞こえる声で、

「ここに置いちゃおうか」

と言ってニヤッとすると、桜の花の下に棺台を置いたのです。

その、いたずらを思いついたような顔に調子を合わせた私も、

「花見と言ったらお酒ですよね」

と祭壇に飾ってあるワインを小さく指さしました。お父さんが好きだったワインです。

その提案を、担当者さんがご遺族に話すと、お孫さんたちが、

「おじいちゃんと花見できるの⁉」

と驚いたような声を上げていましたが、みなさん玄関から靴を持ち、次々に庭へ移動します。棺にお父さんを移動して、棺の中を綺麗に整えたところで、私は退席することになりましたが、花見はまだまだ始まったばかりです。

桜の木の下には、亡くなったお父さんが寝ている真っ白い棺が置いてあり、その周りでご遺族が思い思いに話をしながら笑っています。

お父さんとの最後のお花見――。


桜には大切な人との思い出があるという人も、少なくないのではないでしょうか。かく言う私もそのひとり。思い出があるからこそ、そばにその大切な人がいないと、桜の時期を辛く感じてしまうこともあります。

私の父は、ゴールデンウィークの頃に亡くなりました。両親が住んでいた仙台は桜が

まだ咲いている頃です。

母は病院に行くたびに、涙を流さないように病室の前で深呼吸して、今日、何を話そうか、と考えてドアを開けていたと話していました。なるべく明るい話をしたくて、毎年行っていた桜の花見の話を度々したそうです。「今年も見に行きたいね」と。

ある日、父は、

「もう、桜の話はしないで」

と言ったそうです。自分がもう桜を見られないと感じたのかもしれません。その話を聞いた時、私は父や母がそんな辛い時間を過ごしているのかと涙が止まらなくなりました。

だから、桜を見ると今でも、私の心の中にはチクンと痛む場所があります。

毎年、綺麗に咲く桜。すぐに散ってしまうけれど、桜の咲く時期には大切な誰かと一緒に桜を見たくなります。

悲しいのは当たり前だよね

小さな子供の納棺は何度経験しても心が痛くなります。

ハナちゃんは2歳の女の子。昨日までお父さん、お母さんに大好きな絵本を読んでもらってかわいい笑顔を見せたり、お父さんの脱いだ洋服を洗濯機までトコトコ歩いて片付けたりしていました。

しかし、突然死は、家族からハナちゃんを無理やりちぎり取りました。

家に着くと奥からお父さん、お母さん、おじいちゃん、おばあちゃんの泣き叫ぶ声が聞こえます。本当のことを言うと、中に入るのが怖くてしかたがありません。私にできることがあるのかなと不安で足がすくみます。

でもどんなに入るのが怖くても、葬儀会社の担当者さんと打ち合わせをした後、ご遺体のそばへお邪魔することになります。

部屋には小さな布団と、絵本や赤や黄色のぬいぐるみやおもちゃが綺麗に並べられた棚。お布団の中には小さな女の子が寝ています。小さな手は握られて腕がスッと伸び、下着の下の小さな胸に刻まれた解剖の跡が見えています。早く隠してあげたい。

お母さんは手や足をさすりながら、「なんで？　なんで？」と涙を流しながら問い続けます。

ここで声をかけるのが正しいのかなんてわかりません。

ただ、私たちの仕事が小さなお子さんやご両親に、何かできることがあると信じるしかないのです。

「お母さん、今日はたくさんハナちゃんを抱っこしてあげましょう。ハナちゃんの一番好きなお洋服と、お写真を用意してもらえますか？」

お母さんが虚ろな顔でうなずき、ハナちゃんから離れました。

小さな体には、死因を調べるためについた解剖の傷があります。手当てができるのは今しかありません。

みなさんにいったんお部屋を出てもらい、傷の確認です。

小さな体で頑張ったね。

泣きたくなるような気持ちで手当てをします。

出血などがないよう、傷が目立たないように肌色のテープを貼り、首にはレースのついた布を巻きました。

体の手当てを急いでしていると、お母さんが白いワンピースとウサギが刺繡された黄色のカーディガンを持ってきてくれました。

ひと時も離れたくない様子のお母さんに、一緒にお着替えをしていただくことにしました。着ている下着の上からお洋服を着せると、乾燥して固くなった唇以外は、まるでお昼寝をしているみたいです。

心臓が止まり血液の循環が止まると、一緒に運ばれていた水分の補給も止まります。子供の肌は大人と比べると水分量がとても多いため、大人より乾燥が早く進んでいきます。指先も皺ができ、唇の色や形も変わってしまいます。

小さな体で頑張って来た子供たち、せめてお顔は穏やかにしてあげたいと思うのはご遺族だけではなく、納棺師も一緒です。

ワックスと少量の口紅を混ぜて、唇の固くなっている部分に乗せます。

お顔と体には、普段塗っていたクリームを塗ることにしました。これはお父さん、おじいちゃん、おばあちゃんにも参加してもらい、指先にまでみなさんにたくさん、塗っていただきました。

後は、私がすることはあまりありません。

残りの時間は抱っこして過ごしてもらうことにしました。

抱っこをするとお母さんは、いつもハナちゃんを見ていた時の表情を思わせる、優しい顔に変わっています。

お母さんとお父さんが並んで、何度も頬に触れて名前を呼びます。先程までの「叫び声」ではありません。

ふたりが抱き終わるとおじいちゃん、おばあちゃんの番です。

実はおじいちゃんは目が見えないため、この抱っこが改めて孫の死を突きつけられる辛い瞬間でした。強面《こわもて》なおじいちゃんが、孫を抱くとソファに座りこんで声を出して泣くのです。しかし、それを止める人は誰もいません。ここはみんながその悲しみを理解し、共感できる場所なのです。

悲しいのは当たり前だよね。

こんな小さな愛らしい子供を取り上げられたんだもの。

納棺式というお別れの場では、誰もが悲しみを自由に表現していいのです。大切な人が目の前からいなくなったら普通じゃなくていいのです。結局、1時間30分の納棺式は抱っこするだけの時間となりました。

棺にお子さんを入れるなんて抵抗があるに違いありません。用意したのは小さなクマがプリントされたかわいい棺でした。ご両親には、まず、この棺をハナちゃんが眠るベッドにしてもらおうと考えました。棺用の白い敷布団を敷くと、いつも使っていたピンクのウサギをかたどった枕を置き、タオルケットを広げました。ぬいぐるみもおじいちゃん、おばあちゃんの手で、いくつも入れてもらいました。

これで寂しくないね。

最後にお母さんの手に抱っこされたハナちゃんは、棺のベッドに横になりました。

身近な人の、納得できる死は、なかなかないものです。

納棺式をすることで全ての方が納得できるわけでも、悲しみがなくなるわけでもありません。ただ、納棺式は亡くなった方を目の前にし、触れ、その方を想い悲しむ時間です。冷たい体に触れることで、もうその人は戻ってこないと改めて突きつけられる時間でもあります。

現実を認めたくないご遺族にとって、それは辛い時間になるかもしれません。しかし、亡くなった方のお体を前に行う限られたお別れの時間にしか、できないことがたくさんあると感じています。

その時間、私たち納棺師に何ができるのか。

生前のお顔を思い出していただけるように、そばでお別れができるように、亡くなった方へ処置やお化粧、着せ替えをする。そして、ご遺族の思いに耳を傾けて、亡くなった大切な方に「何かしてあげたい」という願いをひとつでも叶えることができたら、というのが全ての納棺師の思いです。

音の記憶

ある時、自宅で子供たちが小さい頃の映像を整理していると、夏休みで帰省した際の、亡くなった父の映像が出てきました。今では25歳、24歳の息子たちが、映像の中では、まだ、4歳、3歳ぐらい。父の膝の上で一緒に夕ご飯を食べて笑っています。

こんな映像があったのかと懐かしい気持ちになりましたが、子供たちと話す父親の声を聞いた途端、突然に涙が「わっ」と溢れてきました。

亡くなってからもう10年以上経つのに、父の声を聞いただけでこんなに心が揺れて涙が出ることに驚きました。その時、気づいたのですが、私はそれまで父の声を忘れていたんです。

父の顔や手は今でもすぐに思い出せるのに、不思議です。もしかしたら、「音」の記憶は、留めておくのが難しいのかもしれません。

以前、お会いした娘さんは、携帯に残していた「亡くなったお母さんの声」を聞いて納棺式を過ごされました。

立ち会われるご遺族は娘さんだけでした。そこで、挨拶をした際に納棺式でなさりたいことがあれば教えてくださいとお伝えしました。少し考えた後に、娘さんは、

「母の声を聞いてもらってもいいですか？」

とおっしゃいました。

携帯から流れるお母さんの声は、老人ホームで録られたもので、繰り返し『おおきなかぶ』の絵本を読んでいます。娘さんは納棺式での着せ替えやお化粧などにはあまり興味がなく、私に携帯のお母さんの声を聞かせて、

「かわいい声でしょう」

と何度も繰り返します。

「よく読んでもらった本なんですか？」

とお聞きすると、娘さんはこの本どころか、一度もお母さんに本を読んでもらった記憶がないそうです。小学校の先生をされていたお母さん。父親のいない環境で、シング

ルマザーとしていつも忙しく働かれていました。

子供の頃は母とずっと一緒にいられる学校の生徒さんが羨ましかったのよと、娘さんは笑いながら話していらっしゃいました。「よっこらしょ、どっこいしょ」という、お母さんの絵本を読む優しい声が、繰り返し流れます。

棺にお体を移動する前のひと時、お化粧を終えたお母さんをじっと見つめている娘さん。ふたりを見ていると、まるでゆったりとした時間の中で、娘さんがお母さんに絵本を読んでもらいながら、甘えているようにも見えます。携帯に残していた声はきっと、これからも薄れることのない宝物に違いありません。


大切な方を失ったご遺族から不思議な話を聞くことがあります。亡くなった方が、音を使って何かを伝えにきたという話です。それも、聞いたのは一度ではありません。

ある時は、亡くなった方が以前飼っていたオカメインコの鳥カゴ（すでに空っぽ）の鈴が、何度も鳴ったのをご兄弟みなさんが聞いた、という話をうかがいました。また、実際の経験で、あるお子さんの納棺式で音の出る絵本が突然、鳴ったこともあります。

寝ていた時に、前に飼っていた猫の鳴き声が耳元で聞こえた気がして起きたら、訃報を知らせる電話が鳴ったと話されていたご遺族もいらっしゃいました。

そんな時、みなさんはとても嬉しそうに話をされます。

「最後の挨拶にきたんだ！」

「まだ、そばにいるんだね」

と涙を流されることもあります。

声や音が引き金になり、私たちの心が揺れて、時には涙が出てくることがあります。もし、死んだ方が私たちとつながる手段を持っていて、それが音という形だとしたら、亡くなった方からのメッセージに心が揺れて涙が出るのは、当たり前のことなのでしょう。

私たちはたくさんの音に埋もれて生活をしています。毎日通り過ぎていく音の大切さに気づいていないかもしれない。

今、あなたが心に留めておきたい音はなんですか？

お母さんのにおい

まだ小さなお子さんがいらっしゃるお母さんの納棺式はいつも緊張します。「もっと子供の成長を見たかっただろうに」「子供たちはお母さんがいなくなってこれからどうするんだろう」——自分と重ねて、うかがう前からつい、そんなことを想像して、悲しい気持ちになってしまうこともあります。

だけど、何人もの立派なお母さんやお父さんたちのお別れの場面に立ち会うと、私の想像の浅はかさに何度も気づかされます。

ある40代のお母さんの納棺式は、ご自宅の大きなリビングで行いました。

アーモンド色のフローリングと、白い壁と、大きな2面の窓から見える緑が眩しいお部屋での納棺式です。

部屋の中央にベッドが置かれ、亡くなったお母さんが寝ています。お母さんの横には、小学校低学年の弟さんと高学年のお姉さんがちょこんと座っていました。

葬儀会社の担当者さんと私は、廊下に置かれている荷物を片付けているお父さんにご挨拶をして、亡くなったお母さんが眠るベッドへ向かいます。

「はじめまして、今日はよろしくお願いします」

声をかけると、お子さんたちもベッドの上からぴょんとおりて、人懐っこく微笑みながら私の挨拶に応えてくれます。

部屋に入った時、お子さんたちがベッドの上でとてもリラックスした様子でゲームをしていたので、私は少し「邪魔をしてしまった」気持ちになりました。

「お母さんのお化粧と着せ替えをするからお手伝いしてくれる？」

ふたりは少し恥ずかしそうに、お母さんの妹さんである叔母さんの背中に小走りで回り込み、後ろから少し顔を出してニコッと笑いながらうなずきます。

大きな窓から5月の陽光が優しく差し込む中、ベッドの横に立ち、納棺式の準備を行います。

ベッドの近くにいると、目の前の大きな窓から家のすぐ横の公園の木々や、道路を通る人たちの様子や、真っ青な空が目に飛び込んで来ます。闘病中のお母さんもきっと、この窓から少しずつ変わっていく景色を見ていたんだろうな……ベッドの傍らにちょこんと座るお子さんたちと一緒に。

お母さんの瘦せた体に触れ、手当てが必要なところがないか確認し、布で隠しながらお口やお鼻を綺麗に拭きます。

「ご闘病は長かったのですか？」

故人の妹さんにお聞きします。元気な頃から比べるとどのくらい瘦せたのか、お顔色の変化はあるのか、どんな方だったのか。故人のことを知るために最初の質問です。

2年間の闘病生活、最後の半年は自宅で過ごされた故人。最後の夜もお子さんたち、妹さんとたくさんの話を交わされたそうです。

そうか、お母さんと過ごした時間の中で、小学生の娘さん、息子さんはお母さんの死を少しずつ理解していったのか……。すごいお母さんです。

見えないように手元を隠し、お口の中を消毒した後、少量の綿を瘦せた頰の内側に添わせるように入れ、不自然にならないように整えます。

準備をしていると、お子さんたちが時々お母さんのところに来ては鼻を近づけてにおいを嗅ぎ、離れて行きます。

何だろう？

見た目はいつもと変わらなくても、亡くなってしまうと口や鼻などからにおいが発生してしまいます。お別れの時間の邪魔をしないように、私はいつもにおいがないことを一番にお体の手当てを行っていました。

しっかりと手当てをしたけど……と心配になり、

「何かいつもと違う？」

と聞くと、

「お母さんのにおいがない」

思いがけない返事に驚きながらも、続けて、

「お母さんのにおいってどんなにおい？」

と聞くと、すぐに、

「お化粧のにおい！」

という返事。

じゃあ一緒にお化粧しよう、と提案すると、お子さんたちがニコニコしながら顔を見

合わせました。急に立ち上がると走って廊下につながる扉の向こうに消えていきました。1分もしないうちに滑り込むように戻って来ました。

お姉ちゃんが説明をしてくれます。

「これがお気に入りのファンデーションと口紅。これが大切なチーク。いつも朝はこのチークをつけるの。つける順番はねえ……」

もう、話が止まりません。私も嬉しくなって「うん、うん」と話を聞きます。

朝起きるとベッドの上でお化粧をするお母さん、もしかすると顔色が悪くなっていたことを隠すためだったのかもしれません。

もう我慢できないという感じで、弟さんも教えてくれます。

「この、ヘアーオイルは海外のもので、すごく高いんだよ。ココナッツのにおいがするんだ。いいにおいでしょ」

そう言って慣れたようにオイルを手にとって、お母さんの髪を撫でるように、丁寧につけていきます。そして髪の毛に顔を近づけて何度も大きく息を吸います。

「お母さんのにおいだー」

お子さんたちがあまりに楽しそうにお母さんのお世話をするので、お母さんの妹さんもそばにきて、笑いながらお子さんたちと一緒にお化粧をして髪の毛を整えます。

お化粧が一段落すると、お話は窓から見える景色の話にもなりました。

学校に行く時はお母さんがベッドから降りて手を振ってくれたこと。

公園の木は今は緑だけど、桜が咲いたり、どんぐりがなったり、そのたびに桜の花びらやどんぐりの実をお母さんに届けたこと。

亡くなったお母さんは普段の会話や生活の中で、お子さんたちにたくさんのものを残したのです。

お母さん、あなたは本当にすごい方ですね!

徐々に部屋中がお母さんのにおいで満たされていきます。

それまで電話対応や葬儀の準備で忙しくすることで無意識にお別れを避けていたようだったお父さんも、奥さんのそばに近づいて、しげしげとお顔を見ます。

「はは、お母さんだね」

お父さんの目からは今にも涙が溢れそうでした。

棺へお移しする前に少し席を外し、ご遺族だけで過ごす時間を取りました。

いつものようにベッドに腰掛け、窓からの景色を見ながら最後の時間を過ごすことが、今日のご遺族には必要な気がしました。

窓から差し込む光の中で、ベッドの上に寝ているお母さんの顔を時折、抱きしめるようにしながら、お子さんたちが座っています。お父さんもそんなお子さんたちの手に触れながら外を見ている。

廊下から見たその様子は、窓枠に縁取られた大きな絵のようでした。


お子さんたちが長い時間、お母さんの髪の毛に顔を埋めにおいを嗅いでいるのを見ていると、清潔にすることだけが私たちの仕事じゃないなと思いました。

納棺師はご遺族が安心して大切な方との最後の時間を過ごしてもらえるように、様々な処置の方法を学んでいます。しかし、そこには必ずご遺族の思いも吹き込まないと、納棺師の自己満足になってしまうこともあります。

私たちの仕事はご遺族の想いに気づき、その想いを形にすることです。そして少しでもそれが叶った時、私はこんな尊い時間に同席できたことに感謝します。

ご遺族にとって留めておけない時間だからこそ、私は何ができるのか、答えを探し続けます。残念ながら、納棺式の短い時間では答えが見つからないこともたくさんあります。ご遺族自身も深い悲しみの中、たくさんのことに戸惑い、迷われているから。だからこそ、たとえ答えが見つからなくても、ご遺族と一緒に悩み考える伴走者になれたらと思います。

安易に自分と重ねて考えた私の想像がとても浅はかだということを亡くなった方は教えてくれます。お母さんは、「今」を一生懸命に生きてきました。その生き抜いた姿は、死をも含めて、これから先もずっと大きなものを、お子さんたちに渡し続けると感じるのです。

帰り道、車を止めた公園の駐車場へ向かう途中にご自宅を見上げると、あの窓からお子さんたちが手を振っています。窓からの景色やお母さんのにおいと共に、これから何度も思い出せる最後の時間になったらいいな、と願いながら手を振り返しました。

人は死ぬとどこに行くの？

納棺式というお別れの場で、ご遺族は亡くなった方に声をかけます。まるで生きている人に話しかけるように。大切な人を失ったご遺族の中では、故人が、納棺式という短い時間の中で生と死の間を何度も行ったり来たりしているのです。

納棺式でご遺族は、故人が生きていた頃の思い出の欠片《かけら》をみつけ、つながりを感じ、その人の生きていた意味を探そうとします。

畳屋さんのお父さんの納棺式では、突然亡くなったお父さんに、ご遺族はなかなか近づけませんでした。ご遺族の中にはご遺体になった途端、近寄り難さを感じてしまう方もいるようです。そんな方も納棺師の私たちが清拭やお着せ替えでご遺体に触れるのを見ていると安心するのか、ご遺体に近づいてくださいます。

着せ替えをしようとお身体を拭いていた私は、お父さんの指が黒く、固いことに気づきました。

「長年たくさんの畳を作ってきた証ですね」

思わずそうつぶやくと、私の手元を見ていたご遺族も、やっとそばにきました。

「ほんとに真っ黒な手」

「手が荒れるから軍手を付けたらと何度も言ったのに……」

「この指はお兄ちゃんの指と似ているよね」

「冷たいけどお父さんの手だね」

代わる代わる、その指に触れようとご遺族が近づいてきます。そして、まるで生きているかのように触れて話しかけるのです。

ご遺族の話す故人は生きていたり、亡くなっていたりします。そうして、少しずつ死という受け入れがたい事実に、折り合いをつけているように感じます。

今の時代、多くの方は「死」という出来事を遠ざけてきたためか、大切な人とのお別れの仕方を知らないように感じます。

人生の節目のお別れの場面には必ずセレモニーがあります。

卒業式では一緒に過ごした友達や先生との別れを惜しんで、寄せ書きや連絡先の交換をし、写真もいっぱい撮るでしょう。好きな人の制服のボタンをもらったり（最近はしないのかな……?）、式の中では送辞や答辞を贈り合い、卒業証書を受け取りました。そうやって私たちは、次の世界へのスタートラインに立つための心の整理をしてきました。

結婚式もある意味、お別れの儀式であるといえるかもしれません。両親や兄弟、友達に、これからこの人と新しい人生と家族を作っていくという宣言です。親友の結婚式に出席するとなんとなくさみしい気持ちになるのは、別世界へ旅立つ友達とのお別れの儀式だからかもしれません。

そんな中、葬儀は簡略化の傾向にありますが、残された人がこの先を生きていくために必要な儀式だと思うのです。

葬儀をしなくていいという人に理由を尋ねると、「残された人に迷惑をかけたくない」「葬儀にお金をかけたくない」という声をよく聞きます。でも、このふたつの思いと「お別れの時間を持つ」ことは別物ではないか。大切な人がいなくなった時、心の整理をするお別れの時間は簡略化できないものだと思うのです。

ある納棺式にうかがった時、枕元にアルバムが飾ってありました。

亡くなった方のメモリアルコーナーに、その方の写真が飾ってあることはよくあります。ところがその時は、枕元に飾ってあるアルバムにあったのは、喪主になる息子さんの写真ばかりでした。そして写真にはたくさんのメッセージが添えられています。

どうやら亡くなったお母さんが作ったようです。

「すごい！　お母さんの思いが詰まったアルバムですね」

つい出てしまった私の言葉に、

「母はいつもビックリすることを思いつくんです」

と笑いながら、20代の息子さんが、お母さんにもらった「課題」のことを話してくれました。癌で亡くなった50歳のお母さんはシングルマザーでした。自分が亡くなった時、息子さんの父親に自分の死を知らせることを課題として残しました。息子の成長を知らない父親に、このアルバムを届けて、と話していたそうです。

「……すごい母親でしょ」

彼は泣き笑いのような表情で、そう言いました。

本当にすごいお母さんです。きっとこの課題をクリアすることが、息子さんの心の整理に必要だと感じていたのでしょう。

自分が病気と闘いながら、亡くなった後に残される人のことまで、私は考えられるだろうか？

亡くなった人はどこに行くのか？　天国なのか？　他の場所なのか？　それとも「無」なのか？　死にかかわる仕事をしていても、その答えはわかりそうにありません。しかし、霊能力のまったくない私でも、納棺式という時間の中でご遺族のお見送りのお手伝いをしていると、亡くなった人の存在をその場で確かに感じるのです。

私は父が大好きでしたが、結婚して地元から離れると、なかなか会いに行くことができませんでした。だから父が亡くなった時、以前より父がそばにいるような気がして、少し不思議でした。

自分が死んでからのこともよくわかりません。けれど、私を思ってくれる人がいるうちは、その人の中できっと、生き続けているのだと思います。

人は死んだらどこに行くのか——それを考える時、私の中でこんな映像が浮かびます。ひとつの命が、花火のようにパッと散ってたくさんの欠片になり、自分を思ってくれる人の中に飛び込んでいく。その欠片を受け入れてくれた人の心は初めのうちはズキズキ痛むけれど、欠片は時間とともに溶けてその人の一部になっていく。

多くの死とお別れを見ながら、そんなことを考えています。

納棺式の流れ

納棺式では、ご遺族から「こういう式は初めて経験しました」という言葉をよく聞きます。一般的に葬儀というと、通夜と告別式を思い浮かべる方が多いのではないでしょうか。納棺式を挙げる方は、多いとは言えないと思います。

まず納棺式は、必ず行うものではありません。昔はご遺族やご近所の人がタライにはったお湯（逆さ水＝水に熱湯を足して作るぬるま湯）で亡くなった方の体を洗い、白い着物へと着せ替えをして、旅支度を整えたのち棺へとお納めしました。鼻や口には綿が詰められ、口も開いていることが当たり前でした。時々、昔、葬儀で見た、そのような祖父母の最期の顔が忘れられない、とおっしゃる方もいます。そして鼻の穴を下から覗き込んで不思議そうに言います。

「最近は綿を詰めないの？」

いえいえ、しっかりとお詰めしています、見えないように。

亡くなった方を綺麗な状態にする納棺師という職業が生まれたのは、１９５４年

9月に北海道で起こった、洞爺丸の沈没事件がきっかけといわれています。被害者が死者・行方不明者1155名とあまりに多いため、葬儀社が地元の函館の住民にご遺族への遺体引き渡しのお手伝いを依頼しました。そこでご遺体を綺麗にすることでご遺族が喜んだのを見て、納棺師という専門職が生まれたとのことです。

その後、葬儀会社がご遺族へ、生前に近い状態でのお別れの時間を納棺式として提供するようになるのですが、その行い方は様々です。

納棺式の内容はご遺族の希望によって違いますが、大まかな流れがあります。

ご自宅での納棺式は私たちがうかがい、ご挨拶するところから始まります。ご遺族に初めて対面してすぐ、その方の一番大切な人に触れるわけですから、こちらの第一印象が大事です。

お焼香を終えた後、ご遺族の方と簡単な打ち合わせを行います。

故人について何か心配なことはないか、元気な頃と変わっているところはないかをお聞きします。特に鼻、口元の手当て（口腔内の洗浄や綿を詰めるなどの処置）を行っていくため、ふっくらとさせる含み綿が必要か、口元は閉じてしまっていいのかなどを判断するため、私たち納棺師が知らない、生前の雰囲気や普段の表情を教えていただくのです。

その後、故人のお体の状態を確認し、必要な処置を行います。その際、ピンセットなどを使いますので、手元が見えないよう隠して行います。場合によっては別室でお待ちいただくこともあります。お顔、お体の処置が終わると、立ち会う方みなさんにお集まりいただいて納棺式が始まります。

まずは着せ替えです。

通常、仏式ですと、白い経帷子《きょうかたびら》という着物（仏衣）に着替えをするのですが、最近ではお気に入りの洋服や着物などに着替える方も増えてきました。また、仏衣のバリエーションも増え、羽織が付いているもの、刺繍がしてあるもの、色や絵柄などもたくさんあり、ご遺族が故人のために選びます。

この「故人のためにどうするか、考える」行為を、葬儀の間に、ご遺族は何度も行うことになります。これが私はとても大切だと思うのです。

着せ替えが終わると旅支度を行います。足に足袋《たび》、脛《すね》に脚絆《きゃはん》、手には手甲《てっこう》、首に下げた頭陀袋《ずだぶくろ》には六文銭を入れます。これらはご遺族が冷たい体にひとつずつ、丁寧につけていきます。冷たい体に触れるのは、亡くなったことを突きつけられるように感じるかもしれません。少しでもご負担を軽くできるように納棺師がリードします。

次はメインとも言えるお化粧ですが、その前にお顔の産毛、お髭を剃っていきます。皮脂などの汚れを取る意味もあり、肌の状態次第ではありますが、小さなお子さん以外は剃ることでお化粧のノリも良くなり、より自然なお化粧が可能になります。

納棺師のお化粧は、死因によるアザや顔色を補整し、その人らしさを感じる自然なお顔に再形成するものです。仕上がりが自然に見えるお化粧ほど、難しく技術がいるのです。亡くなった方が男性の場合は特に配慮が必要になります。普段お化粧をしていない男性の顔色を整えるため、お化粧したら「きれい」にはなるかもしれません。しかし、ご遺族が求めているのは亡くなった方のその人らしさ――本当に難しいのです。

20年以上納棺師を続けている先輩でさえ、日々腕を磨くために情報収集や、メイク道具や化粧品の研究を続けています。死化粧の世界は一度足を踏み入れたら、見えないゴールを目指してひたすら歩き続けることになります。

お化粧が終わるといよいよ納棺です。ご遺族の手で故人を棺の中に移すのです。

お布団に寝ている故人は、ご遺族にとってまだ死と生の中間にいる存在なのかもしれません。ご遺族は生きている人に話しかけるように声をかけます。

棺は厚さ数センチの板でできていますが、このたった数センチの仕切りの向こう側は、ご遺族にとって死の世界であり、棺に入ってしまうと、急に遠くに行ったように感じる方が多いのです。辛い時間でもありますが、同時に、もう大切な人が戻らないという事実を受け入れなくてはいけない、ご遺族にとってとても大事な時間でもあります。

納棺が終わると棺の中に思い出の品、あの世への旅立ちのために故人へ持たせたい物をお入れしていきます。それぞれに入れる人の思いがあり、それを話してくださいます。私はこの時間が大好きです。時間が許すならいくらでもお話を聞いていたいぐらい、一人ひとり全く違う物語があります。

納棺式は1時間～1時間30分ぐらいの短い時間です。しかし、この時間にご遺族は故人とのつながりに気づき、そのつながり＝縁を別な形へとつなぎ直すのです。

第2章　旅立ちのための時間

生と死の間の時間

お布団に寝ているご遺体の男性は98歳。前夜、夕ご飯を食べた後、いつものように午後8時にはお布団に入り、12時間後の朝、同居の息子さんが冷たくなっているお父さんを発見しました。

98歳と言えば一般的には大往生。しかし、家族にとっては突然の悲しいお別れです。

「夜中にトイレで起きた時、様子を見に来ればよかったんだよな……」

喪主の息子さんは独り言のようにつぶやきます。家族の動揺とは裏腹に、白い鬚を顎の下に蓄えた故人は、口をあけて気持ちよさそうに寝ているかのようなお顔です。

近所に住む親戚や、夏休みということもあり孫、ひ孫たちも、急の訃報に20名近くが集まっていました。

そこにやってきたのは納棺師の私と葬儀会社の担当者さん。私たちだけがネクタイを付けて、夏の盛りに額に噴き出す汗を何度もハンカチで拭いています。

全員が黙って見つめる中、納棺式が始まります。


尺八の先生をしていたということで、演奏会の際に着ていた紋付袴へお着せ替えをし、お口を閉じた後、お化粧で血色を足し、鬚を整えます。先ほどまでパジャマで寝ていた故人が、舞台の上で尺八を吹いている姿が想像できる立派なお姿になり、ご遺族の手で棺へ納められました。

棺の周りにみんなが集まり、堂々と横たわる故人の横に尺八を納めようとした時、雷が鳴り大粒の雨が軒を叩き始めました。

周りにいたお孫さん、ひ孫さんたちは一斉に縁側に駆け寄って、キャーキャーと声を上げながら地面に叩き付ける雨の様子を眺めては、棺のある和室へと戻ります。

外の景色は、先ほどまでの夏のはっきりとした色彩から、すべてがぼやけた灰色になり、まるで日常と非日常の空間の境目が曖昧になって、ひとつに混ざり合ったような光景です。生と死はカードの裏表。いつ突然、ひっくり返るかわからないと考えています。

生が日常で、死が非日常だとしたら、その境界はまさに紙一重。それもいくら目を凝らしても、今見ている風景のように、ぼんやりとして見分けがつかないものなのかもしれません。

　そして亡くなった方をあの世へ送り出す準備をするこの時間が、そのまま生と死の間のような気がしました。

「孫たちにじいちゃんの立派な姿を見せられて本当によかった」

　雨の音に消されそうな声で、喪主の息子さんがおっしゃいました。

　突然、逝ってしまったおじいちゃんの慌ただしい葬儀の中でも、この納棺の儀式がゆっくりと、大切な方との思い出を振り返る、みなさんにとって特別な時間になればと願いました。

親父の思い出なんてない

亡くなった者を弔うのは特定の哺乳類だけという話を聞いたことがありますが、身近な誰かを亡くした時の悲しみは、人間以外の動物にもあるに違いないと思うのです。象は死んだ仲間を持ち上げようとしたり、草を口に運んだりするらしいです。ドイツの動物園で母ゴリラが死んでしまったわが子を悲しげに抱き寄せ、背中に乗せ続けたという記事がネットで話題になったこともありました。

人間も、大切な人とのお別れの悲しみを「死を弔う」という行為で自ら癒してきました。そして納棺師として働いていると、いにしえの人は悲しみを乗り越える手段を葬儀の形で後世へ残してくれたのではないかと感じることがあります。

葬儀というお別れの時間の中でも納棺式は、通夜や告別式とは違い、ごく身近な人たちだけで行う、大切な人とのお別れの場です。納棺師はそのお別れを安心して行っていただくために、死後の変化を最小限に抑え、生前のお顔に近づけます。

50代のお母さんを亡くされた娘さんは、癌で痩せていく顔を見るのが怖くて最後はお見舞いにも行けなかった、とおっしゃっていました。お母さんの顔が含み綿でふっくらとすると、顔に触れながら、

「ごめんなさい」

と泣かれました。故人のお姿は、死因によって顔色が変わっていたり、痩せていたり、浮腫《むく》んでいたりと様々な変化が生じます。亡くなった方の顔が穏やかなことは、ご遺族が死という現実に向き合うためには必要なのかもしれません。

男手ひとつで3人のお子さんを育てた大工さんの納棺式をお手伝いしたことがあります。

殺風景な部屋でしたがきちんと整理され、和室の横にはグレーのコンクリートで造られた土間があり、大工道具が綺麗に並べられていました。20代後半の息子さんは最初、ぶっきらぼうに、

「親父との思い出なんてないから、棺に入れるものはないんだ」

と話されていました。それでも、何とか関わっていただきたくて、一緒に旅支度をしてもらいました。

足袋を履かせようとした時、娘さんが、仕事の時に履いていたこだわりの足袋があることを思い出しました。ぜひ履かせてあげましょう、と探してもらいます。和室の茶色いタンスから束になった足袋が出てきた時は、見つかった安堵と数の多さに、お子さんたちとつい笑ってしまいました。旅支度には愛用のものを履かせ、もちろん予備も棺の中へお入れしました。

そうするうちに自分たちを一生懸命育ててくれていたお父さんの働く背中を、今、棺が置いてある和室から見ていたことを思い出した子供たち。お父さんとの思い出も結構あるね、と名残惜しそうに棺の蓋を閉めました。ご遺族の多くは、亡くなった方のために何かすることで、自分たちの感情の理由と意味を見つけ出していくのです。

最後のお風呂

私はこの仕事に就くまで、亡くなった方の体を浴槽で洗う「湯灌《ゆかん》」という儀式があることを知りませんでした。普段は人前でお風呂に入ることなどしませんから、これを知った時は、私が死んだ時はやらなくていいかなぁ……と思ったものです。でも、たくさんの方の湯灌の儀式を見てきた今は、残された家族が私を洗いたいと思ってくれるなら、喜んでお願いしたいと思うようになりました。

亡くなった方を最後にお風呂に入れてあげるという行為は日本人らしいですが、宗教や風習から現代に引き継がれてきたものです。
日本には江戸時代の頃、お寺などに湯灌場という、亡くなった方の検死を行う場所がありました。そこで体を洗い、棺（当時は座棺という座った状態で納める樽のような棺）に納めていたのです。また、仏教宗派によっては、出家する際に体を洗い清める儀式として湯灌を行っていました。

昔はタライに入れたぬるま湯で、近親者や近所の人の手を借りて亡くなった方の体を洗ってあげていました。

現在では、納棺師が浴槽の上に置かれたネットにお体を寝かせ、シャワーでお湯をかけてお体や髪の毛を洗います。実際にお湯を使って洗い流すので、お体を拭く清拭よりもしっかり洗うことができます。

例えば、髪の毛。亡くなった状況によっては吐瀉物や血液が髪につき、においもあります。そのような状態では、最後のお別れに集まった人たちに近くで過ごしてもらうことは難しくなります。お湯で流しながらシャンプー、トリートメントをすることで汚れを流し、においを落とします。

また、お風呂や温泉が好きだった故人もいらっしゃいます。お風呂で背中を流すイメージからでしょうか、ご遺族は自然にお体や髪を洗っています。

以前、登山のライターをしていた40代の男性の湯灌をしました。男性は朝いつものように、「行ってきます！」と山に向かい、滑落事故により帰らぬ人となりました。

奥様と子供たちはご主人の死を理解するのさえ困難に感じているようで、少し離れた場所で身動きもせず、こちらにむけられた目線もどこか虚ろな感じがしました。自宅のウッドデッキにつながるリビングに置いた専用の浴槽の上で、静かに目をつぶっているご主人にぬるま湯をかけ、ゆっくり洗っていきます。泥がついた足や肘の擦り傷も、タオルを使って、しっかり洗います。

部屋の中に少しずつ石鹼の香りが溢れていくと、奥様から、

「私にも洗わせてください」

と申し出がありました。


湯灌はもちろんご遺族の手で行っていただけますが、納棺師がそれを強制することはありません。ある新聞のコラムで、湯灌の儀式に対する批判的な記事がありました。久しぶりに親戚が集まる「お葬儀」で裸になった故人（実際には肌が見えないように大きなタオルで包まれていますが）を洗うことを強制され、戸惑ったという内容でした。

私は、湯灌の儀式は必要と感じたご遺族がごく親しい人だけで行うものだと思います。

葬儀のプランの中に組み込まれているから、という理由で説明なく行えば、見せ物にされたように感じて怒る人もいるのは当たり前です。打ち合わせの際、葬儀担当者は詳しく説明することが必要。湯灌での注意は、ご遺族がしっかりと理解した上で行うことだと思います。

滑落事故でご主人を亡くされた奥様は、ご主人はお風呂が大好きで、仕事で山から帰るとまずお風呂に入って、それからビールを飲むのが日課だったと話されていました。中学1年生の娘さんには、いつも使っていたシャンプーを持ってきていただいて、髪の毛を洗ってもらいました。

「おかえりなさい」

どちらかがそういうと、奥様と娘さん、ふたりで肩を寄せ合い、タオルで涙を拭いては故人を洗い、拭いては洗い……を繰り返しました。

湯灌が終わると最後は登山スタイルに着せ替えました。脱脂綿に含ませたビールをご主人の唇に乗せて、

「これで彼も満足だと思う」

自分に言い聞かせるような奥様の言葉が、今も耳に残っています。故人に何かしてあげることで、ご遺族は、理解することが難しい大切な人とのお別れを少しずつ嚙み砕き、自分の中に落とし込んでいるのかもしれません。

お湯を使うことで腐敗が進むのではと心配される方もいらっしゃいます。実際はお湯に浸かるのではなく表面を洗い流すので体が温まるわけではありません。腐敗が進むことは考えにくいですが、もちろん全ての方にできるものではありません。

亡くなった方の体の状態によっては湯灌が難しい場合もあります。もし、ご興味のある方は葬儀会社に聞いてみてください。

お体や髪を洗う湯灌だから作り出すことのできる時間もあります。

美容師として働き始めたばかりの娘さんが、亡くなったお母さんの髪を、涙をぽとぽと流しながら無言で洗っている姿を今でも覚えています。

娘さんと同じ年の子供がいる私は、横に座っているだけで心が痛くなりました。娘さんはいつまでもいつまでも手を動かしています。なかなか、洗うことを止められない娘さんの腕に触れて、

「何かお手伝いできることはないですか？」

と聞くと、

「入院してからお見舞いに行けなかったんです」

思いを話してもらおうと、私は慌ててシャワーのお湯で娘さんの手についた泡を流し、タオルで拭いてあげました。

「痩せていく母を見るのが嫌で、会いに行けませんでした」

私はまっすぐに見つめてくる視線にうなずきながら、彼女を見ていてずっと思っていた言葉をかけました。

「こんなに丁寧に髪を洗ってあげたら、お母さんすごく喜んでると思います」

すると、娘さんはポツリと言いました。

「やっと母に美容師になれたことを言えた」

ひとつに束ねた金髪に真っ赤な口紅が印象的な今時の女の子です。

きっと心の中でいろんな思いがごちゃごちゃになっていたんだ……。誰にも言えず、こんなに苦しみ、悩んでいたと思うと抱きしめてあげたい気持ちになります。きっと亡くなったお母さんも同じ気持ちなんじゃないかな……。

納棺式が終わり退席しようとした時、お父さんから、

「本当に、湯灌をやってよかった」

と言葉をかけていただきました。

「娘があんな風に思っていたなんて知らなかったんです」

この湯灌の儀式が、ご遺族にとって意味のある時間であったと確信できた瞬間でした。


ご遺族は、亡くなった大切な方に何かしてあげたいという気持ちを叶えた時に、自分の持つ悲しみに向き合おうとするのかもしれません。

私は湯灌を含む納棺式や葬儀とは、残された人のためにあると感じています。そして、できたら上手なお別れの仕方を、自分の死に方で子供たちに伝えられたらいいなと思い続けています。

死にざまは、その人の生きざまなのですから。

霊感納棺師になりたい

ある日曜日の午前10時、私はご遺族のいない家で、故人と向き合っていました。隣接している公園からは子供の声が聞こえてきて、なんだか今いる部屋だけ別の世界のように感じます。

故人は71歳の男性、ひとり暮らしでした。前日お亡くなりになり、検死を終えて自宅に戻り、息子さんの到着を待っていました。しかし、その息子さんから葬儀会社に連絡が入り、到着を待たずに納棺を済ますことになったのです。

しかし、初対面の私には、故人に関する予備知識が全くありません。洋服と雑誌と食べ物の残骸で埋めつくされたこの部屋に、ヒントがないか見回します。髭は全て剃ってしまっていいのかな？　生前の顔が知りたい！　こんな時、もし霊能力があれば……。

以前、占い師さんのところへ行った時に、初対面でこう言われたことがありました。

「まず、お祓いしてからじゃないと無理ね」

通ったばかりの入り口に戻り、占い師さんが私の背中をさすりながら何かを呟いて、お祓いのようなものが終わりました。

「あなたには、霊が話を聞いてくれると思って寄ってくるのよ」

どうやら、占い師さんには、私のまわりに何かが見えていたようです。

霊と話ができる人を霊能力者と言うなら、この占い師さんは本物の霊能力者だと私は思っています。私は彼女を通して、亡くなった父のメッセージを受け取ったこともありました。

「車の運転に気を付けて。特に橋を渡る時は交通量が多いから、しっかり一時停止して……」

当時私は、川沿いの職場に片道1時間30分かけて車で通勤をしていました。その上、通勤だけでなく、納棺式へ向かうためにも一日中運転している様子が、心配性の父らしく気になっていたようです。なんだか久しぶりに父と会話した気がして、とても嬉しい時間でした。

霊能力者も納棺師も、「大切な人を失ったご遺族」と「亡くなった人」を結びつける仕事、という点ではとても似ていると思います。


離れて住む40代の母親を亡くした息子さんに、泣きながら、

「納棺師さん、母は苦しんで死んだと思いますか？」

と聞かれたことがありました。

すでに納棺式が終わり、棺の窓からはお化粧して眠ったようなお顔が見えています。ここで霊能力があるならば、息子さんの期待に応えるような返事もできたかもしれません。しかし、私は無力な納棺師です。

「私にはお母さんの顔が苦しんだようには見えないのですが、息子さんから見てどんな風に見えますか？」

と聞き返しました。

「今までの中で一番綺麗で、優しい顔でした」

下を向いたまま、息子さんが小さな声で答えました。

今でもあの時の息子さんからの問いかけに対する答えが、これでよかったのか考える時があります。だけど、納棺師はどう頑張っても、亡くなった方の声をメッセージとし

て届けることはできません。

寝ているようなお母さんの顔を見て、息子さんは安心したように見えました。亡くなった人とご遺族が結びつくのに、特別なメッセージは必要ないのかもしれません。

私は霊能力がないくせに、お支度をしながら心の中で亡くなった人によく話しかけます。

「この髭は剃ってもいいのですか?」

「口紅はこの色でいいかな?」

「なんで自殺なんかしたの?」

聞いてもらえると思って寄ってくる霊もいるらしいのに、私には全く聞こえない。聞けたらどんなにいいだろう。

できるものなら私は霊感納棺師になりたいです。

そうしたら、例えばお化粧をどんな風にするのか悩んでいるご遺族に、

「お母さんはいつも使っていた口紅がいいと言っていますよ。口紅はその引き出しの中です」

なんて話せるのに。

最後にお父さんと喧嘩したことを後悔している子供には、「お父さんも喧嘩したことを後悔してるよ、もう気にしないで欲しい、と言っています」

そんな風に言ってあげられたら、と思う時もあるのです。

でも、どんなに望んでもやっぱり私には亡くなった方の声は聞こえない。だから丹念に耳や目で、ご遺族と故人をつなぐヒントを探すしかないのです。

「このたびはご愁傷しゃまです」

正直に告白すると、私は妻として、母親としては「ポンコツ」です。四角い部屋を丸く掃除し、冷蔵庫の中で人参がミイラになっていたりします。料理も裁縫も得意ではなく、子供たちは早いうちから、料理やボタン付けは自分でできるようになっていました。それは私が教えたわけでなく必要に迫られてそうなっただけ。

納棺師になる前、私は法人向けの保険の営業の仕事をしていました。数字を上げると評価されることや、経営者の方々と直接話ができることに、やり甲斐や楽しさを感じていました。

しかし、ある出来事をきっかけに、役に立つ仕事ってなんだろう、と悩んだ時期がありました。

保険の契約をいただいていた会社の社長さんが自殺したのです。

ご自分のことより会社のこと、従業員のことを大切に考えていらっしゃる社長さんで、加入していただいた保険は、ご自身のものではなく、社員に何かあった時の保障でした。私のこともよく気にかけてくれていて、毎月の訪問日にはおいしいコーヒーを、豆から挽いて丁寧に淹れてくれます。

保険の加入から1年ほどが経過した頃、普段はあまり電話など掛けてこない社長さんから電話がありました。呂律が回らず、何を話しているのかわからないまま、結局、電話は切れてしまいました。

気になって次の日会社にうかがうと、いつもは開いている会社の入り口が閉まっています。

その後、社長さんと連絡が取れず、亡くなったと聞いたのは、あの電話から1週間後でした。とてもショックでしたが、私にできることは、保険の契約者の名前を新たな代表者へと変更する手続きだけでした。

同じ頃父が亡くなり、「死」というものを考えることが多くなりました。

「私はどんな風に死ぬんだろう」「後悔しない死ってなんだろう」……。

そんな時、偶然、納棺師の仕事の募集を知ります。ここで働いたら答えが見つかるかも、と運命的なものを感じ、38歳の時に納棺会社の門をたたきました。

それは、埼玉にある大手の葬儀会社の納棺を専属で行っている会社でした。

小さなアパートの1室が職場で、そこから納棺師生活が始まりました。働いている人はみんな明るく、仕事の現場以外はいつも笑っていたような気がします。

まず、納棺師になって驚いたのは毎日たくさんの人が亡くなっていることです。毎日1件～4件の納棺が、私にとっての日常になりました。

初めのうちは、

「このたびはご愁傷しゃまです」

「もすさま……も、喪主しゃまはいらっしゃいますか？」

と言いなれない言葉に悪戦苦闘し、鼻に綿を詰める処置もこわごわです。

納棺師になるには資格が必要なわけではなく、先輩納棺師について技を盗むしかありません。しかも、職人気質の方が多く、「なぜその処置をするのか？」を丁寧に教えてくれるわけでもありません。

私が一番戸惑ったのは、悲しんでいる方になんと声をかけたらいいのか？　何かしてあげたいけど何ができるのか？　ということでした。ご遺族とのコミュニケーションについて先輩納棺師に聞くと、空気を読むことが大切と言われましたが、いくら考えてもしっくり理解できません。とにかく、わからないことだらけで本を読み漁り、外部の講習会に参加しました。学んでも学んでも、きりがありませんでした。

失敗もたくさんありました。

亡くなったご主人が夢にも出てこないと奥様から聞いた時、私は先輩が言っていたフレーズをそのままお伝えしました。

「思いが強いと夢に出てこないと聞いたことがあります」

それを聞いた娘さんが悲しそうに言いました。

「私は夢に出てきたから思いが弱いってことか」

娘さんにかける言葉は、当時の私の引き出しに入っていませんでした。

また、亡くなっても耳は聞こえている、と聞いたことがあった私は、そのままご遺族にお伝えしました。あるご遺族にとっては亡くなった方に自分の思いを伝えるきっかけになりました。しかし、あるご遺族にとっては、声をかけることだけで1時間程の納棺式が終わってしまい、着せ替えを見て生前の様子を思い起こしたり、より思いのある入棺の品物を考えたりという選択肢を狭めてしまう結果になりました。

私じゃなければもっと最適な対応ができたのでは？　と眠れないほど悔しく、申し訳ない気持ちになったことが何度もあります。

今思うと納棺師として働き始めた頃は、ご遺族を励ます言葉、いい言葉をかけようと必死でした。しかし本当の納棺師の役割は、ご遺族を励ますこと、元気にすることではないのです。

ご遺族を元気にすることができるのは、ご遺族自身だけです。だから、ご遺族がご自身で故人とのつながりを感じるためのお手伝いをするのが、納棺師の仕事です。

ご遺族の記憶の中にある元気だった頃の故人のお顔に近づける死化粧の技術、安心してお別れができるご遺体の処置の技術、その人らしさを表す着せ替えの技術。そして、ご遺族の希望を叶えるためのコミュニケーションのとり方——全てを学び続けていかなければなりません。

あまりのゴールの見えなさに、なんて仕事についてしまったのかしらと思うこともあります。しかし、技術を学び続け、ご遺族と関わる覚悟ができた時、初めて、まるで映画のような素敵なお別れの場面に同席させてもらえるのです。

不器用な主婦は不器用な納棺師になり、不器用なりにたくさん悩み、迷走しながらも、たくさんの気づきに出会えています。

「悲しい」と「怖い」

納棺師になりたての私はとても調子に乗っていました。

それは自分がしたことに対して、「ありがとう」と言われる経験が極端に少ない主婦が、急に「ありがとう」と言われる仕事と出会ってしまったからです。

家では忙しくなると部屋が汚れてくるし、夕ご飯のおかずも大量に盛られた野菜炒め1品、なんてこともざら。子供や夫からの「ありがとう」より、私が言う「ごめんね」ばかりです。私は人に感謝されることに慣れていませんでした。

青白くなった顔に赤みを足し、薄くお化粧すると、ご遺族が、

「ありがとう、まるで眠ってるみたい」

と涙を浮かべます。実はそれは、ご遺族自身が、元気な頃の大切な人の姿を自分の力で見つけ出した結果です。

しかし、私はまるで、自分が解決してあげたかのようなとんでもない誤解をしたまま突っ走っていきます。そして当然、壁にぶち当たり……。

15歳の女の子の死化粧をしていた時です。ご希望されたピンク色の口紅を塗り始めると、今まで穏やかにお話ししていたお母さんが、

「全然変わってしまった！　なんてことをするの！」

と怒り始めました。一度怒り出したお母さんの怒りは収まりませんでした。綺麗にお化粧したのに……。うろたえている私を見かねて、先輩が対応にあたってくれました。先輩は一度化粧を落とすと、静かに話を聴きながら、私よりずっと薄いお化粧を施しました。すると、お母さんは喜んでくれ、しかも、

「さっきの人にもお礼をいいたい」

とおっしゃってくれたのです。

亡くなったお嬢さんは、自分の顔がとても嫌いで、濃いお化粧ばかりするようになっていたそうです。そして、どんどん自分のことが嫌いになったお嬢さんは、自ら命を絶ってしまいました。

だから私が「綺麗にお化粧」をしたお嬢さんの顔を見て、お母さんは「自分の大切な

娘の大好きな素顔を隠したくない」と思ったのです。そしてお化粧した娘さんの顔を見た時、娘がもう一度、手の届かない場所に行ってしまうような不安を感じたようです。

その体験をきっかけに、私はご遺族と接するのが怖くなりました。

悲しんでいる人の中にはいろんな感情が湧き上がってきます。それに気づいてしまい、悲しむ人と接することが怖いと感じたのです。

それでも毎日、仕事は続きました。

どんな納棺式であっても、納棺師は1時間程の時間で初対面のご遺族に、安心できる存在だと認識してもらわなければなりません。それに失敗すれば、ご遺族はすぐに心のシャッターをおろしてしまいます。一度おろされたシャッターは開きません。そうなるとご遺族は自分の感情を出そう、大切な人の死に向き合おうなんて思えなくなります。

大切な人を失った「悲しい」という感情は「怖い」という感情に似ていると思うことがあります。

これからどうなってしまうのか、自分がこの感情に支配されてしまうのではないかという怖さ。一筋の光さえ差さない暗闇で先が見えない怖さが、悲しみの成分のひとつなのかもしれません。

ご遺族はお化け屋敷の中のような真っ暗な通路を、何が飛び出してくるのかもわからないまま、何の灯りも持たず歩いています。早くここから出たい――きっとそんな状態です。

お化け屋敷が怖いのはお化けではなく、何が飛び出してくるかわからない怖さと暗闇でしょう。そんな暗闇の中、いきなり飛び出て「安心してください！　出口はあちらです！」なんて、耳元で叫ぶ。きっと納棺師駆け出しの私はこんな風にヒーローを気取っていたと思うのです。もし、自分がこんなことをされたら全力で逃げるか、ぶん殴るかどちらかです。

お化け屋敷で怖がっている人に声をかけるのは難しい。

だから私は考えます。

お化け屋敷で一番安心する瞬間はいつ？

それは出口の灯りを見つけて、この暗闇から出ることができる、この怖さから解放されると感じる、そんな瞬間かもしれません。

その灯りはそんなに近くではないけれど、しっかり明るく光っている。

そんな光になれたら私も、大切な人を亡くしたご遺族に心のシャッターを閉められることもなくなるのかもしれません。


お化け屋敷での正しい声のかけ方は、まずは急に近づかない。

声を出さず出口の灯りのようにそこで待つ。

そして向こうから近づいてきたところで静かに話す。

これができたら、ご遺族の悲しみにも寄り添えるのかもしれません。

いろんな経験をして、自分なりに勉強もしました。以前よりは少し出口の灯りに近づけているような気もします。少なくともご遺族の耳元で、「ヒーロー参上!」と叫ぶことはなくなりました。

亡くなった人に呼ばれる話

時々、「あー、私、故人に呼ばれたな」と思うことがあります。

例えば、千葉県へ納棺式のお手伝いに行った時、そこに来ていたご親戚に、

「以前、私の母の納棺式をやっていただいたの、覚えていますか？」

と聞かれたことがありました。私と同じくらい、40代後半のその女性は続けて、

「でも、うちは埼玉県なので違う人かしら？」

と、不思議そうにおっしゃいます。実は私は千葉県も埼玉県も、東京都も茨城県もあちこちに出没するので、お会いした可能性はあるのです。

ただ、正直なところ覚えていませんでした（日頃、仕事を記録しているノートはその場にありません！）。年間400人から500人ぐらいの方のお別れのお手伝いをしているので、すぐには心当たりが出てこず焦っていました。私は曖昧に微笑みながら、頭

の中はフル回転で思い出そうとしています。

　すると、この女性は続けて、

「貴方の名前、オオモリアキコさんですよね」

　ネームプレートに書かれた名字だけでなく下の名前まで知っていたのです。

　あれ？　もしかしたら……。

　思い出しました。私と同姓同名の故人のことを！（正確には漢字がちょっと違うのですが……）

　そんなことは初めてだったので、「呼ばれた」など思ったのでした。納棺式のためにうかがい、ご挨拶したところ、「あら、同じ名字！」と声をかけていただいたので、黙っていられず、実は名前も一緒なんです、とバラしてしまいました。

　それもあってか、その納棺式では、いつもより早く打ち解けた雰囲気の中、いろんな思い出話をお聞きすることができました。

　ご遺族の方は口を揃えて、70歳の故人のことを、

「いつもタバコをふかして、赤い口紅をつけているようなかっこいい人でした」

　と話されました。「かっこいい」という言葉に、つい、自分まで誇らしく思ってしま

ったものです。

癌で痩せていらっしゃいましたが、最後に赤い口紅を塗るとご遺族から、

「この顔だよね！」

と声が上がりほっとしたことも思い出しました。

こんな離れた場所でまた会うのも、ご縁の深い方なんだと感じました。私の様子を見てとったのか、その女性が言いました。

「あの時、納棺式でみんなで笑って話せた時間がよかったから、今日もこの時間を勧めたのよ」


不思議なことにこういう嬉しい「お呼ばれ」があるのは、大抵仕事で悩んでいたり、失敗をしたり、私はもうこの仕事続けない方がいいのかも……なんて考えていたりする時なんです。だからその度に、また頑張ろう！　やっぱりこの仕事最高！　と思う。

都合のいい話だけれど、勝手な思い込みかもしれないけれど、こうした「お呼ばれ」は、亡くなった方が「まだ頑張れ」って言ってくれているみたいだって感じてしまうのです。

他の納棺師からも、偶然担当したご遺族が自分の知り合いだったという話や、3年毎に同じ家でおじいちゃん、おばあちゃん、お父さんの納棺式をお手伝いしたという話を聞きました。

ほかにも出身地が同じだったり、家族構成や年齢が近く、気持ちが自然に寄り添ってしまう時など、私は故人に「呼ばれた」ような気がして仕方がないのです。

驚かない技術

「お骨って食べれます?」

こんなご遺族の言葉にも、最近ではあまり驚くことがなくなりました。きっと食べたいぐらいそばにいたいんだなって思います。突然、身近な人を亡くしたらそんな風に考えてしまうなって。

こんな時に発揮されるのが納棺師の「驚かない技術」です。

というのも、この仕事をしているとしばしば驚かされることがあるのです。

お布団の上で寝ている故人。お顔の上に掛けてある白い布を取ると、目をバッチリ開けてこちらを見ていて、ビクッと驚く。

ひとりきりの安置室での着せ替えやお化粧は、冷静に考えると少し怖い状況。着せ替えをしようとお体を横にした時、体の中にあった空気が声帯を動かして亡くなった方が

「ごお〜」と声を出し、わっと驚く。

ご自宅にうかがい、玄関先で死因が飛び降り自殺と聞き、故人に面会するとつま先と踵が逆向きになっており、おっ！　と驚く。

こういうことがあるので、納棺師として動じない、「驚かない技術」が大切になってくるのです。驚きを隠して、できるだけ早く自分の中の納棺師スイッチを入れ直す。その技術を手に入れるには経験を積むしかありません。

初めの頃はよく、先輩に「声を出したらだめ！」と注意をされました。

驚く時に出てしまう、「わ！」とか、「あ！」とか、「お！」は、ぐっと飲みこむのです。なぜなら、プロの納棺師が故人を見て驚いたら、そばにいるご遺族に不安を与えてしまうから。

納棺師になって10年以上が経ち、もう、何事にも驚かなく、いや表面的には驚いていないように取り繕うのが上手になりました。それでも……。

長くおひとりで暮らしていた80代の男性の納棺式での話です。

私がお宅へおうかがいすると、玄関と縁側でご遺族と葬儀会社の方がスペース作りの真っ最中でした。いろいろなものが積まれて、棺を入れるスペースすらありません。

そして故人が寝ている奥の部屋は昼間だというのに真っ暗です。どうやら電気は使用できないようです。追い打ちをかけるように担当者さんから声が掛かります。

「畳が傷んで抜けやすいから気をつけてね」

見ると陽が入っている部屋の入口の畳が、黒く変色して波をうっています。

独居の高齢者が増え、このような荒れたご自宅で死後の処置を行うことも時々あります。そういう時に心が沈むのは、ここで生活をしていたことを想像してしまうからです。昼間でも薄暗い部屋の中でどんなことを考えて、何を見て、ご飯を食べて、寝ていたのかなと想像がどんどん膨らんでいきます。

さあ、最後は綺麗に送ってあげよう、と納棺師スイッチを入れて靴下にカバーを付けて上がります。

まずは、手を合わせお顔の上の白布をとります。せめて安らかな顔でありますようにーー心の中ではドラムロールが流れています。

ドゥルルルル……バン！

暗い中でも、痩せてはいるものの、目をつぶり、こちらを見てはいないことがわかりました。お口を閉じて、髭を剃ればもっと穏やかになるはず！　じゃあ、ドライアイスを外そうかと布団に手をかけた時、薄手の手袋をした私の手に何かが触れて、下に落ちた気がしました。目をこらして正体を探すと、大きなムカデが私の膝に登っている。

「ギャーーーーーーーーッ！」

普段出したことのないような声が、思わず口から飛び出しました。これぱかりは驚かない振りなんかできませんでした。

ご遺族の方や葬儀会社の方が慌てて、こちらに走ってきてくれました。ミシミシ、とご遺族の男性が部屋に踏み込んで来たかと思うと、２歩目ぐらいで畳が抜けて片足の足首までが畳に埋もれ、「わー！」と転倒。

なんだか、自分の悲鳴も霞む程のドタバタです。

結局、暗い部屋ではムカデがどこに行ったか見つからず、自分の中の納棺師スイッチを懸命に押しながら、ビクビクと納棺式を終えました。

納棺師にとって驚かない技術は大切ですが、それには限度があるというのもまた、現実なのでした。

どんな顔で逝きますか？

自分の死顔について、考えたことはありますか。もう、自分は死んでしまっているから、どうでもいいと思う人もいるかもしれません。だけど残された方は、身近な人の死顔は穏やかであってほしいと願うものです。

ご遺族と話をしていると、以前に見送った方の死顔をつらい思い出として記憶している人は案外多いのです。別人のように痩せてしまった、口が開いていて苦しそうに見えた、お化粧した顔が別人のようだった――。最後のお顔の記憶が、その後の人生に後悔として残ってしまうことさえあります。

最近は少なくなってきましたが、以前は鼻や耳から綿が出ていたり、口元が大きく開いたままだったり。おばあちゃんならまだしも、おじいちゃんでもピンク色の頬紅、口紅が塗られていることも。

高齢で亡くなった方のほとんどは口が開いた状態です。人は亡くなると筋肉が硬く硬直してきます。しかし、時間の経過とともに硬直は解けてきます。顔も表情筋などの筋肉でできているため、硬直が解けると口が開き、重力に従って平面化していくのです。また、高齢の方は元々の筋肉量も少なくなり、硬直が感じられないこともあります。亡くなった方は上向きにお布団で寝ていますので、お顔のシワが無くなったように見えるという嬉しい作用もあります。しかし、その半面、表情が変わったように見える問題もあります。

納棺師としてご遺族のもとにうかがうと、一番多い要望が「口を閉じてほしい」というものです。口元の印象は人の感情を表現するところだなと感じます。だからこそ、口元を整える技術は本当に難しい。

一例を挙げると、口元が閉じている状態である場合、重力によって口角が引っ張られたようになって口が大きく見えることがあります。死化粧では口元が広がって見えないように、口角ギリギリまで口紅を描かず、少し内側にラインを取ります。

そしてこの口角も、上がれば微笑んでいるように見えますし、下がってしまえば、悲しげに見えたり、怒っているように見えてしまうのです。

それほど繊細な、亡くなった方のお顔。そのお顔が穏やかだと、ご遺族は、故人に近づき、お別れの時間を安心して過ごすことができます。処置やお化粧前は言葉少なだったご遺族が、穏やかになったお顔に対面すると、いろんな思い出話を始めたり、お見送りへの要望が次々に出てくることはよくあります。

だからこそ、なんとかご遺族の記憶の中にある故人に近づけたいと思うのです。

自分の死んだ後のことはわからないけれど、家族がそばに来て、落ち着いてお別れをしてくれるほうがきっといい。「この表情がこの人らしい」と身近な人がすぐ思い浮かべてくれる私の顔ってどんな顔なんだろう？　と鏡の中の自分を眺めてしまうことがあります。

棺からのぞくその顔が、どんな顔でありたいか。それは、送るご遺族の記憶とそれを引き出す納棺師次第なのかもしれません。

上手くいかない日の話

新人納棺師さんが時々、

「私じゃなければ、もっといいお別れができたかも……」

と悩みを打ち明けてくれることがあります。自分のできることを一生懸命行ったけど、技術的にもっといい方法があったのではないか、と落ち込んでいるのです。

その気持ち、よくわかります。なぜなら私自身、同じことで落ち込むことがあるからです。

私は納棺会社で研修、採用を担当するようになりましたが、納棺師として納棺式に立ち会うこともあります。

研修では、故人の死後の変化やご遺族とのコミュニケーションについて偉そうに話していますが、現場に出ると、他のやり方があったよな、とか、配慮が足りなかった……

とよく落ち込んでいます。

安置施設で、ご遺族の立ち会いがない納棺を担当したことがありました。故人はお体が大きく、手足には浮腫がありました。葬儀会社の担当者さんがこのまま破裂するのでは？　と心配されるほどでした。

お体を確認すると、これから体液や血液が鼻や口から出てくる可能性や、表皮に水疱といわれる水膨れができ、それが破れてしまう可能性があるなぁと想像ができました。

そこで口や鼻から体液が出てきていないことを確認し、綿をしっかり詰めたり、上半身を高くするなどの対策をして納棺しましたが、数時間後、鼻から体液が出てきてしまいました。

大きな方なので、納棺することで内臓が圧迫されたのか、腐敗の進行を止めるための20キロのドライアイスを置いた場所が悪かったのか、考え出すと反省ばかりです。

他にも体液が出ることに備えて、着物を汚さないよう防水シートをかけてしばらく様子を見ればよかったとか、ああしていれば、こうしていたらときりがありません。

結局、次の仕事が入っていた私の代わりに別の納棺師が手直しに向かい、一旦、棺から故人を移動して、汚れた仏衣を着せ替えし処置をしてくれました。

これが、故人の大切な着物だったら？　出血しているのをご遺族が見ていたら？

こうなるともう落ち込みの連鎖が止まりません。

そんな日に限って、次に向かったご自宅では若い女性の納棺です。在宅で看取りをしたご遺族は、私の一挙手一投足に注目しています。緊張しつつ、お顔に掛かった白い布をお取りすると、痩せたお顔は目が窪み、まぶたが開いてこないように、紙テープが縦に2本、無造作に貼られていました。

生きている方も、美容のためにヒアルロン酸注射をすることがあります。亡くなった方にも同じようにお薬を注入して、目を閉じることができます。特に痩せて目が窪んでしまった場合、綿などでふっくらさせるよりも自然に仕上がるので、こちらをお勧めします。

けれどもご遺族の前で目の周りに注射針を刺すわけにいかず、慎重に綿で隠しながら手当てをします。目を閉じ、お顔周りの手当てが終わったら体のチェックです。

お布団を取ると下半身がひどく濡れています。水疱が破れ、体液が外に漏れ出ていました。体液特有のにおいも出ています。暖かい時期、よく見る状況ですが、ご遺族がこのにおいを感じながら亡くなった方と日常を過ごされていたと考えると心が痛みます。

ご自宅での安置は、ご遺族が自分の生活の中で、無理なくゆっくりとした時間を過ごすことができます。しかし、安置施設と違い、温度や湿度などの環境管理が難しいですし、私たちが想像できない出来事も起こります。以前、亡くなったおじいちゃんが寒そうだからと床暖房を入れていたご遺族がいました。もちろん腐敗が進み、背中をはじめお顔まで緑色になってしまいました。ご自宅での安置はエンバーミングなど腐敗が進まないような処置を行うか、搬送の方、葬儀会社の方、納棺師が連携して最適な環境づくりをしていくことが必要になります。

若い女性のご自宅で私は、これ以上体の変化が進まないように水疱の処置をし、防水のズボンを穿かせ、新しい着物に着替えてお棺の中に移動しました。棺に入ったあと、なんとなくお顔の感じが変わったと言ってくださったご遺族に、私は最後まで寄り添えたか、自信がありません。

そしてその日から4日後の告別式まで、私の頭にはいつもその故人やご遺族の顔がチラつきます。

新人納棺師さんが悩む、「私じゃなければ、もっといいお別れができたかも」問題。

技術面で落ち込むことはこの仕事をしている限りずっと続きます。だけど、その経験が、どこかの誰かのためになると信じて欲しい。そのことを、自分にも言い聞かせています。

毎年、暑くなってくる時期は、私たちの仕事の大変さと大切さを同時に感じる季節です。

納棺式のタイミング

納棺の形は様々です。葬儀会社によっては、あらかじめ担当者の手で棺にお寝かせし、死後の処置や着せ替えや旅支度、お化粧などを行い、通夜当日にご遺族に確認してもらうだけということも少なくありません。これには一部の安置施設や葬祭場の「ご遺体は棺の中に納めて安置しなければならない」というルールも関係しています。

納棺式として執り行う場合、タイミングは亡くなった方とご遺族次第。そして、いつでもいいのです。ただ、大きく分けると次のふたつのパターンが多いです。

①通夜・告別式の前

②自宅安置後

①のパターンは、やはり人が集まる通夜や告別式の前に行ない、弔問されるみなさんに綺麗なお顔で対面してもらいたいという意味で、このタイミングにする方も多いようです。

②のパターンは葬儀会社や火葬場の安置所ではなく自宅で何日か過ごされる場合、一

緒に過ごす時間をより穏やかなお顔で過ごしてもらうため。また、死後の変化を最小限に抑え、必要がある場合には最終的に通夜・告別式の前に再度メイクの手直しをします。火葬までの日にちが長い時は何度かメイク直しをお勧めするのですが、やはりそれなりにお金がかかることも含めて、ご遺族が熟考できるようご説明しています。

改めて、納棺式の主な内容は、

・ご遺体への処置
・清拭による洗体（あるいは湯灌）
・着せ替え
・顔剃り（メイク）・整髪
・納棺
・ドライアイス処置

ですが、どこまでご遺族が立ち会えるのかは依頼する葬儀会社によって様々です。すべて葬儀会社が行い、最後の確認だけご遺族が行う葬儀会社もあれば、着せ替えまでは隠して行い、残りの時間をご遺族と一緒に行うこともあります。

第3章　棺は人生の宝箱

鰻と日本酒と留袖と

私の働いている納棺会社では、ひとりの納棺師が年間約５００名のお見送りに携わります。私もたくさんの方の納棺式に立ち会わせていただきました。その中には本当に素敵なお別れの時間を作り出す人たちがいます。それは葬儀担当者でも納棺師でもない、「ご遺族自身」です。そんなご遺族の共通点は、お別れの時間に何ができるかを知っていることです。

私の父は62歳の時に亡くなりましたが、私は棺の中に入れるものなど考えていませんでした。今思うと、父の好きだった鰹のお刺身や、父がよく握ってくれたぎゅうぎゅうに硬いおにぎりを、最後ぐらい私が作って入れてあげたかった。ほかにも一緒に行った旅行の写真、よく歌っていた石原裕次郎の歌詞カード……。たくさん思いつく品物はあるのに、どれも入れることができませんでした。それは、思い出の品を棺の中に入れられることを知らなかったからです。

小規模な葬儀が増え、身近な人の死が初めての葬儀、という人も珍しくありません。何をしていいかわからないご遺族の場合、葬儀会社の作る葬儀に参加している状態です。私もそうでした。しかし、ご遺族自身が葬儀や納棺式で何ができるかを知ることで、より自分らしいお別れができると、納棺師になって初めて気づきました。

元々、葬儀は大切な方がいなくなったことをご遺族が受け入れて、周りの人たちと悲しい気持ちを共有し、集まってくれた人たちと新たな結びつきを作る場になるようにできていました。

しかし、近年では家族の形態が変わり、周囲の人たちのサポートが受けづらい世の中になりました。逆に、葬儀会社はご遺族の負担を減らしていく傾向があり、本来、ご遺族がするから意味があることまで代行しているケースもあります。

葬儀、納棺式は故人やご遺族が作るもので、私の仕事である納棺師はそれを叶えるためのサポート役だと思っています。そのためには葬儀業界にいる私たちがもっと、葬儀の役割やご遺族ができることを伝えていく必要があります。

私が以前経験した、80代の女性の納棺式でのこと。ご自宅におうかがいすると大きな家の軒先までたくさんの人が溢れています。

ご挨拶を終え、パジャマを着た故人のお顔を見ると、黄疸《おうだん》と浮腫がありました。そのお顔は、祭壇に飾られた、黒い留袖姿でキリッと微笑んでいる遺影の写真のイメージとは少し変わっていらっしゃいました。

納棺式が始まり、故人に黒い留袖を着せ、髪をまとめるとあちこちで、

「ばーちゃんらしいわー」

と、声があがります。

「よく留袖を着られる機会があったのですか？」

と聞くと、私たちの仲人さんなのよと、近くにいる数人から返事をいただきました。まだお化粧が終わっていなかったのですが、集まったご遺族は、代わる代わる留袖姿の故人を見たくて近づいてきます。

留袖姿の故人が、ここに集まった方たちの大切な思い出なんだなぁと、みなさんが見終わるのを眺めていました。

近親者以外はそれぞれ、おばあちゃんが結んだ縁で集まった人たちでした。「お陰様

で、夫婦仲良くやってます」と声をかけるご夫婦や、子供や孫を連れてきて、「こんなに大きくなったよ」と報告する女性。まるで亡くなった方と会話をしているような、穏やかな時間です。

お化粧の前に、お酒が好きだった故人のために、喪主を務める息子さんが日本酒の一升瓶を用意していました。

グラスに注がれた日本酒が、立ち会いされている30名ほどに配られたところで、喪主さんが腰を上げます。賑やかだった和室の続き間が、一瞬静かになりました。

「通常、葬儀中は『献杯』ですが、今日は何度も仲人をした母を思って乾杯をしましょう！　乾杯！」

「乾杯！」

納棺式には相応しくないような明るく大きな声が一斉にあがります。

喪主の息子さんは、今度はお母さんに近づき静かな声で話しかけます。

「こんなにみんなが集まってくれてお袋は幸せだなぁ。ありがとう」

そして故人の唇にも、喪主の手で綿棒に含ませた日本酒が乗せられました。

死化粧は晴れの席に似合う赤の口紅のリクエストをいただきました。写真を手本にしていつもの眉を描きあげると、こちらを向いてきりっと笑っている遺影そのままの面影が、故人の顔の中に現れました。

お化粧を終え、故人をみなさんの手で棺の中へお移しすると、頭の角度のせいかほっとした表情になり、遺族からは「笑ってるみたい」と声があがります。

棺の中を整えてドライアイスの処置を行い、みなさんに思い出の品を入れてもらいます。たくさんの写真や手紙……棺に入れる思い出の品は本当にいろいろ。ひ孫さんたちからは、手紙と折り紙の鶴やお花がおばあちゃんのお顔の周りに飾られました。

最後に息子さんが入れたのは、小さな紙パックの日本酒と紙に包まれた鰻の蒲焼。

「ずっと食べたかったんだよな、入れたからな」

とお母さんの胸の辺りを何度か静かに叩きます。まるで、そろそろ起きて食べなよ、と言っているようです。

棺の周りには、わさわさと人が集まり思い出話を始めます。物があまり食べられなくなっても鰻の蒲焼を食べたいと言っていたこと。日本酒が大好きで、晩御飯にはいつも晩酌をしていたこと。最後にもう一度、口から食べさせてあげたかったこと……。

納棺師はご遺族の傍らで話を聞かせてもらうだけです。

死は突然やってくるものですから、今までそばにいた人とのつながりが引き裂かれたり、消えてしまったかのように感じることもあります。納棺式が、亡くなった方とのつながりが決して無くなったり消えたりしていないことを知る時間になったら、納棺師としてこんな嬉しいことはありません。

あの世に何を持っていく?

人間の死亡率は100%——全員がいつか棺に入ります。

一般的な棺は、縦180センチ、横50センチ、高さ45センチほどの箱です。「ひつぎ」という漢字は実は2種類あり、中身が空だと「棺」、ご遺体が入ると「柩」となります。

大抵の棺が、木でできています。表面に布が張られていたり、彫刻がしてあったり、と様々な種類があります。

私は今まで多くの方を棺に納めるお手伝いをしてきました。たくさんの棺を見てきましたが、同じものはひとつもありません。それは、棺の外見ではなく中身のお話です。

棺の中には、その人の人生が詰まっていると感じます。

農家のご主人が亡くなった時、口数少ない息子さんが稲を一房、顔の脇に添えました。

父親がどのくらいの時間を費やし、その稲に向き合ったかを一番近くで見ていた息子さんから捧げられた最後のねぎらいのようで、なんだかお父さんの表情も晴れ晴れしたように見えました。

競馬が好きなお父さんには、たくさんの馬券と鉛筆、競馬新聞が添えてありました。

孫が20人もいるおばあちゃんは、孫が書いた絵や折り紙に埋もれるように眠っていたし、生涯独身を貫き出版社に勤めていた女性は、自分が携わった本を大切そうに抱えていました。


棺の中に入れたものが煙となり、亡くなった人があの世に持っていけるなら、私は何を棺に入れてもらうだろうと考えることがあります。

まず思い浮かぶのは携帯電話。写真や思い出がたくさん詰まっているし、四十九日の旅の途中の暇つぶしにもよさそうです。しかし、最近では火葬場で棺に入れる物への規制があり、原則「燃えるもの」という決まりがあるので携帯は無理。

好きな食べ物も入れてほしいと思います。鰻が大好きなおばあちゃんは、鰻の蒲焼を入れてもらっていましたが、火葬場から鰻の蒲焼の香ばしい匂いが漂ってきそうでいいですね。お酒もビールを入れて下さい！　と言いたいのですが「ビール缶」は無理なので、紙パックの小さな日本酒ぐらいでしょうか。

好きな食べ物は日本酒と蒲焼の組み合わせで決まりです。

自慢できる趣味や特技があれば、それにまつわるものをぜひ。例えば、お茶や踊りの先生は着物やお茶の道具を入れます。そういうものに囲まれている方は亡くなってからも「品」があるように見えて、強く憧れます。

ひとつ、亡くなった方から教えてもらい、私も始めたことがあります。

「御朱印帳」――60代の奥様のお棺の中には、全国の神社やお寺でいただいた10冊以上の御朱印帳が納められていました。ご主人はそれをひとつひとつゆっくり広げながら、

「ふたりでまわった、旅の記録なんです」

と話していらっしゃいました。

私もそんな素敵な夫婦に憧れて御朱印帳を始めましたが、残念ながらまだ、主人に一緒に行こうとは言えず、ひとりでこそこそ集めています。仕事先のお寺や、休みの日に神社をめぐってゆっくり集めているので、亡くなった時には棺の中にぜひ入れてほしいです。

目に見えないものを棺に入れる方もいます。

香りは人の思い出に大きな役割をもっているようで、その人が使っていた香水を棺の中にふり、香りで棺を満たしたり。その香りは亡くなった人の、元気な頃の思い出を引き出してくれ、そこにいる家族みんなが思い出を共有する空間ができあがります。

私も最後は自分の好きな香りに包まれたいなぁと思います。棺はその人の人生が詰まった宝箱のようなものなのですから。

しかし時々、「この布団、もう使わないから一緒に入れちゃおう」とか「服は捨てるのが面倒だから全部入れちゃって」という人がいるのです。本当に。棺はごみ箱じゃなくて宝箱だってば！

……ここで、はたと気づきます。

棺の中に「あの世に持っていくもの」を入れるのは、私ではないのです。主人や息子たちは私の好きなもの、趣味、大切にしているものを棺に入れてくれるのかな？

いやいや、棺は亡くなった人の宝箱ではなく、一緒に過ごした時間と思い出が詰まっている残された人の宝箱です。

そう考えると、自分の好きなもので満たそうとすることには意味がないような気がしました。それよりも、大切な人と、どんな時間を過ごしたのか？　その人の心に何を残せたのか？　そのことの方がずっと重要ですよね。

日々、忙《せわ》しなく流れていく時間に紛れて見えなくなってしまう大切なものに思いを馳せてみませんか。

「やっぱりお父さんだった」

大切な人の死はやすらかであってほしいと誰もが願います。

私の父は癌で亡くなりましたが、病院で過ごした最後の数時間、人はこんなに静かに死を迎えるのかと驚きました。呼吸が少しずつ、深くゆっくりとなり、体に付けられた計器の音だけが病室に響いていたのが思い出されます。

決して苦しんではいなかったとはいえ、黄疸で顔色が変わり、痩せて、抗癌剤の影響で髪や眉毛もなくなっていました。体を動かすことが好きだった元気な頃の父の顔とは全く違う様相でした。

亡くなった瞬間、もうつらくないんだね、そう思うのが精一杯でした。

葬儀までの数日間に、徐々に私の頭の中には「なんで◯◯しなかったんだろう」という言葉が溢れてきました。

なんでもっと会いに来なかったんだろう。
なんでもっと話をしなかったんだろう。
なんでもっと孫に会わせてあげなかったんだろう……。

葬儀の日程が決まり、納棺師さんが自宅で化粧をしてくれました。私が生まれて初めて会った納棺師さんです。

黄疸を隠すための化粧は、生前の父とはかけ離れて、まるで舞台俳優のようでした。しかし、澄ました顔で微笑んでいるような父の顔を見ながら着せ替えや旅支度をしていると、ほんの少しですが、私の中の罪悪感が小さくなりました。そして、納棺師さんが丁寧に父の着せ替えをして、整えてくれたことに感謝していました。

火葬が終わり、私の前から父の体は消え、頭の中でしか会えなくなりました。父の顔を思い出す時、優しい笑顔と一緒に、最後に見たお化粧した顔も一緒に思い出します。そして、父はお化粧した顔で旅立ちたかったのか、と何度も自問しました。

この経験から納棺師になった今も、お化粧に関してはできるだけ「その人らしさ」を目指したいと強く思っています。

納棺式でご遺族のお手伝いをしていると、私と同じような経験をしている方が多くいることに驚きました。身近な人を亡くし、お化粧の印象が「その人らしく」なかった経験をすると、死化粧に対して、あるいは納棺師に対して不信感を持ってしまうのです。

特に男性の場合は、普段お化粧しない分、とても難しいと思います。自然なお化粧を心掛けていても傷を隠したい、顔色が全体的に変わっているといった場合、まずはそれを隠して、その後その人らしさの再形成をする必要があります。

時には隠さない、化粧しないという選択をされるご遺族もいらっしゃいます。

私たち納棺師は、故人に対してご遺族に対して、何ができるのかを常に考えています。しかし、最終的な答えを持っているのはご遺族だ、ということを忘れてはいけません。

自死により命を絶った60代の男性の納棺を思い出します。お顔は、鬱血により赤くなり、遺影の写真とは別人でした。

あらかじめ、奥様と娘さんと打ち合わせをし、お化粧で顔色を整えたい旨をお伝えしました。男性に化粧をすることに奥様は抵抗があるようでしたが、もし、普段のお顔とかけ離れていたらお化粧を落としましょう、と提案し、開いていた口を閉じ、少しずつ肌色へと近づけます。

ヒントとなるのは写真と、ご遺族との会話です。

最近は、持病が悪化して入退院を繰り返していましたが、もともとはゴルフが好きで庭に作った練習場で打ちっぱなしをよくしていたそうです。遺影のご主人もポロシャツ姿、日焼けをしたお顔で笑っています。

少しずつ色を重ね、日焼けをしたような肌色に近づけ、最後にファンデーションの下に隠れたそばかすを書き直すと、

「あー、お父さんだ」

と奥様が不思議そうに声を上げました。

「昨日まで、違う人のような気がしていたのよ」

奥様は長い吐息をひとつついて、私とは目線を合わせないまま言葉を重ねます。

「だから、死んだのは違う人と思おうとしたのよ、だってその方が悲しくないでしょ」

「……でも、やっぱりお父さんだった」

そう独り言のようにポツンと言うと、30代の娘さんを呼びます。

打ち合わせの際、娘さんは、

「父じゃない」

と言って、見ることさえも拒絶していたのですが、

「こんないい顔してたら、文句も言えない」

そのあとは話すことも無く、悔しそうな、悲しそうな顔でお母さんといつまでも棺の中のお顔を眺めていました。

おふたりにとっては、故人との距離が近づくことでかえって、死という現実を受け入れなくてはならない、辛い時間となったかも知れません。しかし、それも納棺式という時間にしかできない必要なことだと、ご遺族自身が私に教えてくれます。


人生の締めくくりでもある棺の中の最後のお顔は、どんなお顔であってもきっとご遺族の心の中に刻まれます。お顔はその方がどんな風に生きてきたのかを示すもの。優しいお顔、厳格そうなお顔、にこやかなお顔、シワ、シミ、時には昔の傷にも個々の物語があります。

だから、そんなお顔を私たち納棺師が化粧で消してしまわないように。

最後に故人に近づき、会話を交わしてもらえるように。
後に思い出す最後のお顔がその人らしく穏やかであるように……。
納棺師も故人と語らいながら、最後のお別れのお手伝いをするのです。

最後のお出かけに着ていく服

映画『おくりびと』で、本木雅弘さんが納棺師を演じてくださったのは、もう10年以上も前の話。綺麗な所作で着物を着せる姿はお見事でしたが、全ての納棺師がご遺族の前で着せ替えができるかというと、実はそうではありません。大抵の場合、納棺師は2名1組でひとりが体を支え、協力しながら着せ替えを行います。ご希望がない場合はご遺族が立ち会わない準備の時間に行うことがほとんどです。

数少ない、「見せる着せ替え」を行う納棺会社に私が籍を置いているのは、「ご遺族との着せ替え」に私自身こだわりを持っているからです。

ご遺族の多くは不安を抱えています。初めてお会いするご遺族に心を開いてもらうためには、なるべく多くの時間を一緒に過ごし、この人なら大丈夫と思っていただく必要があります。そのためにも故人とご遺族が離れている時間を最小限にし、みなさんに見ていただきながら、もしくは手伝っていただきながら過ごしてもらいたいのです。

美しい所作に見える着せ替えには、実はあちこちに優しく見えるような工夫が仕掛けられています。だから、

「あんなに大切に扱ってもらえたら母も喜んでくれると思います」

そんな言葉をかけていただくと、なんだか嬉しくなります。

私たち納棺師は、葬儀会社やご遺族の依頼がある場合に、着せ替えを行います。入院中の浴衣や、既に着ている洋服のままでいいと考えている方もいらっしゃいますので、着せ替えするかしないかは、自由に選択することができます。

一番多いのは、白い「経帷子」という着物に着せ替えをし、旅支度を付けます。足に足袋。脛には脚絆。手には手甲、数珠をつけ、首から三途の川の渡賃と言われる六文銭が入った頭陀袋をかけます。ちなみに、真田幸村は戦いにかける覚悟を表すために、六文銭（六連銭）の家紋を戦場で掲げたといわれていますが、戦国武将の潔さを感じます。

これまでに何度か、ご自身で縫われた白装束と旅支度をご用意された方もいらっしゃいました。最近は白装束にこだわらず、好きなもの、故人の印象として残っている物を着せる方も増えてきました。納棺師としてご遺族のサポートをしていると、着ている物

は、その人のアイデンティティであると感じることがあります。

またひとつ、記憶に残る納棺式を紹介します。亡くなったのは68歳の女性。喪主の娘さんはハワイ在住で、大きな花柄の赤いムームーをご持参されました。みなさんはハワイの民族衣装・ムームーをご存知ですか？　ゆったりとしたワンピースで、華やかなお着物です。着せ替えを終え、棺の中にお移しすると、娘さんが亡くなったお母さんの首へ、生花のレイをかけました。花の香りが棺いっぱいに広がります。

枕元のお写真には、夕日に照らされたハワイの海で、同じ姿で娘さんと幸せそうに微笑む故人が写っていました。その幸せの時間から抜け出てきたように棺に寝ている故人は、先程までのパジャマ姿とは別人のようです。

最近は、亡くなった方に様々な着物を着せるようになったぶん、私たち納棺師を悩ませることがひとつ増えました。体型の変化です。

70代女性の納棺式で、ダンスをしていたお母さんに着てもらおうと喪主の息子さんが持ってきたのは、素敵な赤と紫の衣装。話をうかがうと、20年前のものでパッと見ただけで入らないことはわかりました。それでもお母さんに白装束を着せたくないという息子さんの強い要望もあり、どうにかこうにかお着せしました（心の中では「おりゃー」

って感じです）。後ろのチャックは開いているものの、棺の中に見える胸元は、華やかです。

「これであの世で会って怒られることはないな」

と息子さんが笑いながら、棺の中のお母さんに話しかけました。

逆に病気でお痩せになる方もいらっしゃいます。

かつては恰幅のよかったお父さんに、現役当時着ていたダブルのスーツを着せる場合など、こんなに痩せてしまったんだねと、ショックを受けられる方もいらっしゃいます。できるだけお腹の凹みを隠すために、綿をお腹の上に置きワイシャツ、ズボンをはかせますが、なお、スーツがとても大きく感じます。それでも、スーツにネクタイをしめている姿が、みなさんの中にあるお父さんなのです。

その人らしい服でお別れをする。そして、生前の姿を思い出しながらみなさんで大切な方のお話をしてほしい。亡くなった方もきっとそう思っているに違いないと思うのです。

最後の会話

死別に直面したご遺族の悲しみは、はかり知れないものがあります。

悲しんでいる人のそばにいるのはつらいことです。しかし、私たち納棺師はお別れの場でご遺族のお手伝いをすることが仕事です。そばにいる覚悟を持たなくてはならない。そうは思っていても、胸が痛み、逃げてしまいたくなるほどの悲しみに触れてしまうこともあります。

もうだいぶ前の話ですが、7歳の男の子を亡くされたご遺族がいました。

ご自宅におうかがいした時はクリスマスの時期で、お部屋の中には小さなクリスマスツリーが飾ってありました。整理整頓されたお部屋には子供たちの写真がたくさん飾ってあり、亡くなった男の子の妹さんが、リビングのテーブルでジグソーパズルをしています。

納棺式ではお父さんがテキパキと対応する中、お母さんは息子さんのお気に入りのアニメ・キャラクターのぬいぐるみを抱えたまま、動きません。まるで私の声も聞こえていないようでした。

息子さんは今にも寝息をたてそうなかわいらしいお顔でお布団に寝ています。パジャマ姿で横たわる姿は、同じ年齢の子供よりも小さく見えます。お着せ替えをして顔色に赤みを足し、みなさんに顔を拭いてもらう間も、お母さんは無反応、無表情でした。

お父さんに手伝ってもらいお棺の中の布団に息子さんを寝かせると、お父さんは涙を堪えきれなくなったようで、席を外してしまいました。

自宅マンションでの納棺でしたが、外の世界とは遮断されたように本当に静かでした。まだ幼稚園に行き始めたばかりぐらいの妹さんも、何かを感じているように静かに遊んでいます。

小さなお棺の中にいる息子さんを見ながら、お母さんが唐突に話をはじめました。

男の子は、生まれつき心臓に病気があり、手術や入退院を繰り返していました。息子さんが亡くなる数日前にお母さんに言った言葉は、

「ママ、ごめんね」

泣きたいのは母親の自分ではなく、病気と闘っている子供の方。そう思って、それまでどんな辛い時も泣くことがなかったお母さんも、その時は息子さんを抱きしめて初めて声を出して泣いたとおっしゃっていました。

納棺式で、小さな冷たい手を両手で包みながら、7歳の子にそんな言葉を言わせてしまった、と肩を落とされていた姿が忘れられません。

「お子さんもお母さんもすごく頑張ったんだ」――私はそう感じたのに、口に出して、そんな軽い言葉をかけたくなかった。どんなに探しても私の中にはふさわしい言葉が見つからなくて、結局、そばにいることしかできませんでした。

最後の会話は残された人にとって忘れられない言葉になると思うのです。納棺式で話をうかがっていると、時々こんな風に最後の会話を教えていただけることがあります。

80代の男性は亡くなる前夜に、ずっと介護をしていた娘さんに、

「浅草で食べた蕎麦は美味かったなぁ」

と、しみじみ話したそうです。それは30年も前の話。秋田県から上京して来たお父さ

んに娘さんが初めてご馳走したのが、浅草での天ぷら蕎麦だったそうです。

「それまで痴呆で、以前の父らしさは無くなってしまったと思ってたから、亡くなる前に父が戻ってきたと思ったの」

「話したいことはたくさんあったのに、ありがとう、しか言えなかった」

それでも娘さんの顔は微笑んでいらっしゃいました。棺の中には浅草寺の御朱印とラップに包んだ天ぷらと蕎麦が入れられました。

普段、私たちはたくさんの言葉を使い、たくさんの人とコミュニケーションをとります。でも最後の会話は、必死に伝えたい言葉と必死に受け取りたい言葉が交差する瞬間なのかもしれない。そして、亡くなった方を前にして、自分の思いを伝えることも大切だと日々感じます。亡くなった方の、お体、お顔を見て伝えることができる時間は限られているからです。

今までご遺族の口から聞いた、亡くなった方への言葉は数えきれません。

「ありがとう」「愛してる」「お疲れ様でした」「頑張ったね」「しばらく待っててね」

「またね」……そこにはたくさんの思いが詰まっています。

会いたい幽霊

私が小学生の頃、心霊ブームで、心霊写真とか怪奇現象がよくテレビで取り上げられていました。ちょうど学校から帰った時間、テレビをつけるとやっていた心霊写真の特集が、私は怖くて仕方がなかったんです。確か、「3時のあなた」っていうワイドショーのコーナーだったかなぁ。

うちは両親が共働きだったので、私が学校から帰ってもひとりか、4歳違いの妹がいるだけです。心細い時間帯にその番組を偶然見てしまった日は、怖くて怖くて。当時私は怖い気持ちを振り払うため、大好きだったピンク・レディーの曲を全力振り付きで踊るという対処法をあみ出しました。そんな私が納棺師になって、死んだ方のお化粧をしているのですから不思議なものです。

もし幽霊が、亡くなって会えなくなった身近な「誰か」だとしたら、私は子供の頃のような怖さを感じることは、もうないと思います。そんな風に思えるようになったきっかけは、父の死でした。

父が癌になり、余命が半年と聞いた時、なぜか、そんなはずはないと信じなかった私は、離れて暮らす父のお見舞いになかなか行けずにいました。

父が亡くなったのは宣告通り半年後。最後は白いベッドに横たわり、起きているのか、寝ているのかわからないような薄く開かれた目で、どこも見ていないようでした。母と私と妹も、父の体に触れてはいるものの、話しかけることなくただうつむいていました。私がいくら触れても何の反応もありません。何となく、もうとっくに父はこの病に蝕まれた体からは抜け出ているような気がしました。

父が静かに旅立ってから葬儀が終わるまでの記憶は、曖昧です。

しかし、葬儀が終わり、また実家から離れて普段の生活が始まると、不思議なことに父の気配をすぐそばに感じるようになりました。

小さな頃、髪を洗った後、よく父が髪を乾かしてくれました。タオルで髪をくしゃくしゃと拭いてもらうと気持ちがよくて、とても安心した気持ちになるのです。自宅で髪の毛を洗い、自分でタオルで髪をくしゃくしゃと乾かしていると、不意に、父がすぐ前に立っているような感覚になり、涙が出そうになりました。大切な人を失った心の状態が見せる錯覚かもしれませんが、それは怖いものではなく、自分の心がふと立ち止まるような、心の休まる瞬間でした。

父が目の前に現れたら、何を話そう……。

夜眠る前、暗闇で幽霊に怯えていた小さな頃の私は、もういなくなりました。

東日本大震災は私の地元、宮城県にも大きな爪痕を残しました。宮城県石巻の海は主人と、幼かった子供を連れて、毎週のように遊びに行った場所です。主人がウィンドサーフィンをしていたので仲間もたくさんいました。

私の友達も亡くなりました。

同じ会社で働いていた彼女とは同じ年でした。結婚し、子供が生まれたのも同じ年で、仕事を辞め、私が主人の転勤で地元を離れた後も、年に一度の年賀状での近況報告が恒例のやり取りでした。でも震災の翌年、彼女からの年賀状は届きませんでした。

そして震災から2年後、彼女があの日、亡くなったことをご主人からの年賀状で知りました。娘さんを保育園に迎えに行った帰り道、車ごと津波にのみこまれたそうです。あれから何年分もの彼女への近況報告がたまりました。何より、彼女の死を2年も知らなかったことを謝りたい。亡くなった人が行く世界があるとするなら、向こうの世界で娘さんとふたりで過ごす彼女にも会って話したいことがたくさんあります。

大切な方を失ったご遺族は、納棺式で、夢や幽霊としてでもいいから故人と会いたい、会いに来てほしいと話します。中には、亡くなった人が幽霊のような姿で会いに来てくれたと嬉しそうに話すこともあります。そんな時、他のご遺族が「私も会いたいなあ」と羨ましがります。怖がる人はひとりもいません。

残された人にとって、亡き人の存在を感じることは、生きるための理由になると感じます。そして私自身も、納棺師という職業のせいか、はたまた歳をとったせいなのか、会いたい幽霊が増えているのです。

どんな反応も当たり前

納棺式では、時にご遺族同士でもめることもあります。

それは、ごく親しい人だけで行う納棺式でした。交通事故で亡くなった小学校高学年の息子さん。お母さんは納棺式の間ずっと、息子さんに覆いかぶさり泣いていました。

そのお母さんのお母さん、つまり息子さんにとってはおばあちゃんにあたる方は、ずっと娘さんを責めていました。

お前がちゃんと見てないから、こんなことになるんだ！

なんでひとりであんな時間に外に行かせたのか！

おばあちゃんのきつい言葉は止みません。私も息子がいるので耳を塞ぎたくなるような、悲しい納棺式でした。おばあちゃんにはなるべくお孫さんの身支度に集中してもらい、お母さんに向いている攻撃を逸らしてあげることしかできませんでした。

息子さん、お孫さんというそれぞれの大切な存在を突然失ったおふたり。起こった出来事は同じですが、おふたりの反応は全くちがいます。

私は普段から、自分の周りで起こる出来事に対して敏感です。もう嫌になるくらいに、すぐ反応してしまいます。例えば、怒ってる人のそばにいると心がザワザワします。子供が朝、慌てていると自分もソワソワしたり。部屋が汚いと考え事がまとまらなくてモヤモヤしたり……。どうにも心が落ち着きません。

納棺式でご遺族の近くにいると、この反応している心を、ちゃんと「見る」作業はとても大事だなと思います。

お孫さんを亡くして、母親である自分の娘を責め立てたおばあちゃん。最後にお孫さんの靴下を履かせてくれるようお願いすると、足を何度も何度もさすっていました。

その仕草を見ていると、お孫さんのことを本当に大切に思ってたんだと伝わってきました。言葉を選びながら、そのことをお話しすると、おばあちゃんはかわいかった小さな頃の話や、「最近は生意気なことを言うようになって……」と話をはじめました。

その後、ようやく、おばあちゃんは声を荒らげることはなくなりました。

本当のところはおばあちゃん本人しかわからないのですが……もしかしたら、自分が怒りという反応をした理由が愛情からだったと気づいたのかもしれません。

80代の母親の納棺式で60代の息子さんが、

「母に優しい言葉をかけてあげられなかった」

と話していたことがあります。しかし、その方は在宅で看取りをされ、それまでお母さんの面倒を見ていたことは、お部屋を見ればわかります。綺麗に掃除が行き届き、お母さんに着せたい洋服も、何着も用意をされていました。

立ち会いは息子さんおひとりという納棺式。話をしているとお母さんへの愛情が伝わってきます。優しい言葉をかけてあげられなかったという後悔も心の反応です。

会話を続けると息子さんは少し落ち着かれたのか、後悔はずっとそばにいるから出てくる愛情と同じ大きさの感情なのかもしれません、と少し笑っておっしゃいました。

悲しい出来事に人は様々な反応をします。

その理由を確かめて正体を知ると、ご遺族は心の反応に振り回されることなく、自分や大切な方とのお別れに向き合えるようになります。

幸せの俳句は「ありがとう」への返事

いつも、気になっていることがあります。

納棺式でのご遺族の言葉は、亡くなった方に届いているのだろうか。

私はたまたま、納棺師という職業のおかげでご遺族のお別れの場にご一緒させていただいています。ご遺族の言葉に涙が出てくることもあります。でもその言葉は私や周りに聞かせたいものではないはずです。聞いて欲しい人はひとりだけ。亡くなった大切な人です。

以前、出張先で亡くなった60代の男性の納棺式に行きました。

小学校の低学年のお孫さんが、まるで赤ちゃん返りをしたように、お母さんにべったりとくっついています。何か言いたそうにぐずっていて、周りの家族がちゃんとしなさいと注意をしていました。

おじいちゃんが棺の中に入ると、とうとうお孫さんは泣き出してしまいます。気になって何度か話しかけると、出かける前のおじいちゃんと喧嘩をしたと打ち明けてくれました。

いったん話し始めると堰を切ったように、棺に入ったおじいちゃんにいつまでも、ごめんなさい、ごめんなさい、と私たちが蓋を閉められないほど大きな声で泣きながら謝っていました。

おばあちゃんはお孫さんの肩を揺らしながら、諭すように話しています。

「あんたのこと大好きだったじいちゃんが怒ってるわけないでしょう」

納棺師が立ち会える時間は限られています。棺の蓋は開けたまま、私は胸を締め付けられるような気持ちで、まだお孫さんの泣き声が聞こえる部屋を後にしました。

ご遺族は棺の中の故人へ声をかけます。しかしその声に返事は返ってきません。もしお孫さんがあんなに泣いて謝っているその声が届いていれば、おじいちゃんは、

「そんなこと気にしてないよ、大好きなんだからね。それを忘れないで」

と頭を撫でてくれるような気がします。

一方で、ご遺族の思いが故人に通じていると確信できることはあります。

その方の納棺式は、奥様が終始、亡くなったご主人に、

「お父さんと結婚してよかった、幸せだった」

「ありがとう」

と、感謝の言葉をかけ続ける時間でした。もし、お父さんは声が聞けたなら、きっと照れ臭そうにしただろうなあと思いながら、思い出の品物に囲まれた棺の中のお父さんを見ました。

俳句が好きだったお父さんの枕元にはたくさんの句が書かれたノートや色紙が並んでいます。そこには日常の何気ない時間を切り取ったような言葉が綴られています。そして、その言葉にはたくさんの愛情と感謝が詰まっています。

奥様が干してくれた布団に、手足を伸ばす気持ちよさを描いた俳句。

暖かくなってきた庭に猫が日向ぼっこする姿を奥様と見たことを描いた俳句。

まるで、幸せでしたと話しかける奥様へ、優しく答えているようです。「俺も幸せだったよ」と。

「奥さんへの感謝の気持ちが溢れている素敵な俳句ですね」

と伝えると、

「本当に私は幸せ者」

と奥様は息子さんたちと笑います。

よく、亡くなってからもしばらくは、音は聞こえるといいます。だけど、どんな言葉をかけてもらっても返事をすることはできません。俳句や手紙など言葉を書いて残すことも大切だけど、もっと手っ取り早く普段から伝えることが大切なんだと思います。そういう私はできていないのだけれど……。

身近な人にほど、なかなか言えてない「ありがとう」や「ごめんね」。言いそびれたなと気づいた時、あの奥様の優しい表情を思い出します。

よいお母さんになりたい

今まで何人もの「お母さん」の納棺式を見てきました。どんなに仲が悪くケンカばかりしていたとしても、会話がなくなっていた親子であっても、「死」という出来事は、親子や人とのつながりを考え気づかせてくれる、亡くなった方から贈られる最後のギフトに思えて仕方がありません。

もちろん、亡くなる方すべてがそのギフトを残していくのですが、とりわけお母さんの死や生き方に心を動かされるのは、私自身が母親であり、その上、子供との関係性にあまり自信がないので、「こんなお母さんでありたい」という一種のあこがれが影響しているように思えます。

私は母親として子供たちからどんな風に見えているのか、時々、反省とともに、ふと考えたりします。お友達と飲みすぎて玄関先で寝てしまった私を、「死んでるかと思った」と起こしてくれた長男。出掛ける時間ぎりぎりにパニック状態で探し物をしている私に、「大丈夫、落ち着いて探そう」と声を掛け一緒に探してくれる次男。

神様は本当にできた子供たちを私に授けてくれたものです。興味のあることにすぐ飛びつき、ぶつかり、落ち込み……書けば書くほど私は母親として失格です。

そんな私ですが、納棺師の仕事が息子たちへのギフトを作ってくれていると思うことがあります。

10年以上前、突然、納棺師になろうと思う！　と宣言した時は、家族全員が驚いていたようです。しかし、「葬儀のお手伝い」という私のざっくりした仕事内容の説明に、誰一人反対することなく見守ってくれていました。

これは普段からお互いに干渉しない全員B型の家族だったからなのか、それとも私を信じ、生き方を尊重してくれたからなのかはわかりません。

しかし、納棺師という仕事を始めたことが、私の考え方や生き方に大きな影響を与えました。

今まで遠いところにあった「死」が急に日常になった私は、話したいことを毎日たくさん抱えてうちに帰ります。夕食の支度をしながら頭の中で、「これは話せる話」「これは話せない話」と仕分けをして、夕ご飯が終わるとすぐに「話せる話」をテーブルの上に広げてしまうわけです。

最初の被害者は主人だったと思います。仕分けを間違えて、仕事の話（特にご遺体の状況についての話）をしてしまい、仕事の話は家に持ち帰らない！　という新しいルールができてしまいました。

他にも、亡くなった方に着物を着せる練習をしたくて、リビングのソファでうたた寝をしている主人の体に着物をかけようとしていたら、「遺体役!?」と怒られたこともありました。納棺師の先輩にそのことを話したら、

「寝ているご主人に気づかれないように着せられたら一人前！」

と言われて、妙に納得したことを思い出します。

でも、出張が多く留守がちな主人よりも被害が大きかったのは、息子たちだったかもしれません。

納棺師として働き始めた頃、高校1年生と中学3年生の息子たちは思春期真っ只中で、

どんどん会話も少なくなっていました。

ご飯を食べたらすぐ2階の自分の部屋に入って、毎日オンラインゲームに夢中になったり、携帯で友達と楽しそうに話している時期でした。時々寂しくて、「ねえねえ」と部屋に入っていくと、「今、忙しいから別な日に聞くよ」と優しく(?)追い出されることも、しばしば。

最近改めて、当時、私が納棺師という仕事を始めたことをどんな風に思っていたのか聞いてみると、

「いつも、好きなことをやってるなぁって思っていた」と長男。

「何をやってるのか、あまりわからなかったけど、距離感は丁度よかった」と次男。

こちらは、なんだかクールなこの距離感にはいつも戸惑います。

それでも、この仕事を始めてからは話す内容が増えました。

まだ納棺師になって間もない頃、自殺をした女子高校生のメイクを担当したことがありました。火葬までの数日間、毎日のようにお母さんから「顔が変わった」と葬儀会社に連絡が入り、何度か自宅へうかがいました。

私が見た限りあまり変わった様子はなかったのですが、「口角が下がった気がする」

「顔の輪郭が変わってきた」「髪型の印象が違う」と、お母さんは次から次と指摘します。きっとお母さんの心の中には、元気な頃の笑った娘さんの可愛い顔が大切にしまってあるのですから、それは、変わってしまったように見えて当たり前です。

口紅の描き方を変え、棺の中の枕の高さを変え、髪型を何度も整え、どんどんできることがなくなっていくのを感じつつ、どうにか工夫をしながら要望にお応えしようと努力しました。

そうやってうかがうたびに、娘さんの思い出話を1時間程話してくれるお母さん。最後には必ず、

「焼香に来てくれるお友達はこれからも生きていくのに、この子だけ止まっちゃったのよね」

と肩を落とす姿を見て、胸が苦しくなりました。

プロとして、悲しんでいる方のそばに立つ時、自分の持つ常識や考え方、感情をいったん脇に置いて、その人の感じている気持ちをそのまま受け止めることが大切と学んできました。しかし、私は心のどこかで母親である自分の立場に重ねて、その方の娘さんがいなくなったことを悲しみ、怒っています。

「あなたとのお別れを、こんなに悲しんで苦しんでいる人がいるのが見える？　もし、生きている時に感じることができたら死ななかった？」と、心の中で亡くなった娘さんに何度も問いかけてしまいました。

そして、私は家に帰ると、こうした心の中のモヤモヤをどうしても子供たちに伝えておかなきゃと思うのです。

「自殺をしたその子がもし、ご両親の愛情に気づけていたらどうだったかな。私も君たちを大好きってことが伝わっているかが心配になったんだ」

「大丈夫だよ」

と苦笑いする息子たち、それでも自分たちが感じたことを話してくれたりもしました。

その後も、私が納棺師として、亡くなった方から教えてもらった様々な物語を、息子たちに何度も話してきました。

人は誰もがいつか生を閉じる。閉じ方はさまざまですが、生と死の狭間で関係を結び直したご家族の話。人が死ぬとはどういうことか。なぜ死ななくてはいけないのか。亡くなった人はどこにいくのか……。

はじめは一方的な私の話でしたが、時間が経つにつれて息子たちからも自分の考えが聞けるようになって、我が家では「死」に関する話題が当たり前になりました。

彼らが今後、必ず経験する誰かとの死別。その時、私はもういないかもしれません。だけど母親として唯一残したと思っているものがその時、役に立つなら、私もあこがれのお母さんの仲間入りができるのかもしれない、と希望も込めてそんな風に思ったりします。

紙の上の納棺式

葬儀の現場でも新型コロナの影響が出ました。立ち会いをせずに、もしくは小規模にお別れをするご遺族が増えています。

コロナが原因で亡くなった志村けんさんの訃報が流れた時、日本中がショックを受けました。特に志村さんのお兄さんが、志村さんの亡骸は直接火葬をし、火葬時にさえ一緒にいられないと涙を流しているのを見て、私も胸が苦しくなりました。

自分の想いとは関係なく満足なお別れができてない人が、これからも増えていくのかもしれません。

納棺師としてご遺族のお別れのお手伝いをしていると、ご遺族の中に、亡くなった大切な人と、素敵なお別れの時間を作り出す「お別れの達人」がいます。その人たちが、共通してやっていることは「亡くなった人との時間を振り返る」ことです。

葬儀や納棺式の時間なら、それが自然にできます。冷たくなった体に触れながら、あの世に旅立つ準備をしたり、思い出の品を棺の中に納めます。そして、葬儀や納棺式でご遺族は、悲しみや思い出を、葬儀に来てくれた人たちと共有するのです。

この時間は、大切な人が亡くなっても、今までとは形を変えて、また一緒に歩んでいくために必要な大切な時間です。

でも、そんな時間を持てない時、私は納棺師として、「紙の上の納棺式」という、小さな儀式をお勧めします。私も父の葬儀の時は何をしたらいいのかを知らずに、あっという間に終わったことの後悔をこめてやってみます。

紙の上の納棺式　私のお父さんバージョン

まずは、思い出す作業です。楽しかったこと、好きなもの、その人ならではのもの、趣味、今の気持ち、伝えたいこと、なんでもオッケー。

そして、それをどんな形で棺に入れていくか考えましょう。

雑誌やネットから印刷した物の切り抜き。思い出の品がある時は写真に撮って印刷しておきます。シールとか、飾るものはなんでもオッケー、自由です。

というわけで……どどーん！
さっそく作っていきます。
棺（紙）を用意します。

まずは、父の好きな鰹のお刺身をペタ。そして、父のカラオケ十八番の石原裕次郎の写真。本当に歌が上手だったんですよ。父の得意料理は「おにぎり」。力任せに握るので餅みたいに硬いのですが、海苔を1枚使って作るおにぎり。もう一度食べたいなー。

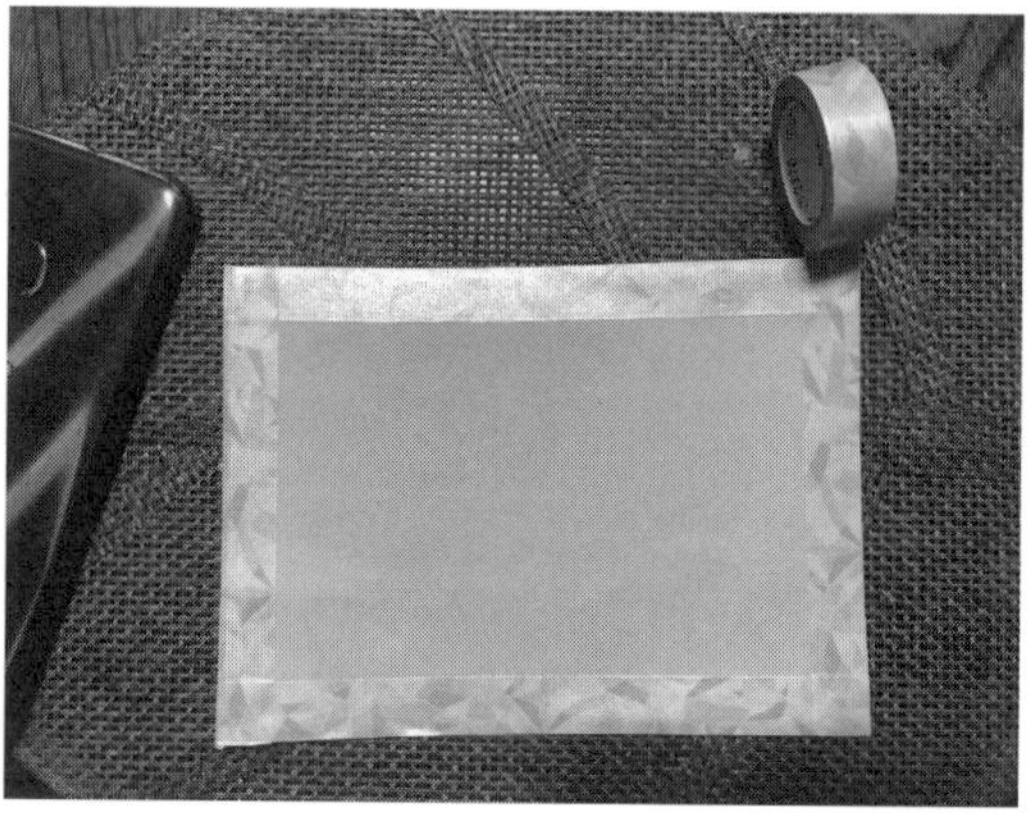

おにぎりの写真が大きくて、はみ出しました。はみ出してもオッケーです。一緒に行ったゴルフの練習場や、孫（うちの子たち）と行った旅行でカモメに餌をあげたことも思い出しました。

綺麗な花で飾ってみます。
最後に、いつも父と母で取り合っていた猫の「みゆ」もペタッ。
賑やかになりました。あまり綺麗じゃないけど全然オッケー。

実はこれ、新入社員と入社式のワークでやったり、一般の方向けのセミナーでも行います。

誰がやっても、その人だけの作品ができ上がります。できたら親しい人とぜひ、共有してください。

亡くなってすぐは気持ちも落ち着かず、思い出と向き合うのも難しいことがあります。ただ、この納棺式はいつでも、何回でもできます。家族が各自で紙の棺を作ってみるのもお勧めです。

もうひとつ——辛い時は深呼吸して、強制的にゆっくり自分に向き合う時間をとることを意識してみましょう。そしてメールや電話でもいいので、誰かとつながりましょう。きっとそばに寄り添ってくれる家族、友人、葬儀屋さん、納棺師がいますから。

あとがきにかえて

東京オリンピックで日本人選手が連日のメダル獲得、と朝の情報番組が報じている中、これを書いています。日に日に重くなる気がする大きな荷物を持ち、今日も仕事に向かいます。ここ数年は体調を崩したこともあり、大好きなこの仕事をどう続けていくか、悩むことも多くなってきました。そんな中、この本を出版することになりました。

今まで出会った故人やご遺族、お世話になった方々を振り返る作業をする中で、改めてたくさんの方に支えられてきたことを痛感し、感謝の日々を過ごしています。

ＮＫ東日本株式会社の府金健佳社長と株式会社ジーエスアイの橋爪謙一郎先生には納棺師として働いていく中で、多くの学びとご支援をいただきました。そして、お別れのお手伝いをしていく中でたくさんのことを教えてくださった故人とご遺族。納棺師の仲間やご依頼をくださった葬儀会社。その他のたくさんの方々のお力添えがあり、この本が完成しました。心より感謝を申し上げます。

最後になりましたが、この本を手に取っていただいたすべての方へも心から感謝いたします。この本が必ずくる大切な方とのお別れに、お役に立てることを願っています。

本書のご感想をお寄せください。
（下記ＱＲコードから「ご意見・
ご感想フォーム」にリンクします）

大森あきこ（おおもりあきこ）
1970年宮城県仙台市生まれ。38歳の時に営業職から納棺師に転職。延べ4000人以上の亡くなった方のお見送りのお手伝いをする。(株)ジーエスアイでグリーフサポートを学び、(社)グリーフサポート研究所の認定資格を取得。NK東日本(株)で納棺師の育成研修を担当。「おくりびとアカデミー」、「介護美容研究所」の外部講師。
●ご遺族向けワークショップ：
https://www.griefsupport.co.jp/grief/

協力／企画のたまご屋さん
カバー写真／Getty Images

最後《さいご》に「ありがとう」と言《い》えたなら

発　行　2021年11月15日
4　刷　2022年 3 月15日

著　者　大森《おおもり》あきこ

発行者　佐藤隆信
発行所　株式会社新潮社
〒162-8711　東京都新宿区矢来町71
電話　編集部　03-3266-5611
　　　読者係　03-3266-5111
https://www.shinchosha.co.jp

装　幀　新潮社装幀室
組　版　新潮社デジタル編集支援室
印刷所　株式会社光邦
製本所　株式会社大進堂

ISBN 978-4-10-354261-2 C0095